LA

COLONISATION DE LA GUYANE

PAR LA TRANSPORTATION

8757. — IMPRIMERIE A. LAHURE

9, rue de Fleurus, Paris.

CONTRIBUTION A L'ÉTUDE DU NON-COSMOPOLITISME DE L'HOMME

LA
COLONISATION DE LA GUYANE
PAR LA TRANSPORTATION

ÉTUDE HISTORIQUE ET DÉMOGRAPHIQUE

PAR

J. ORGEAS
Médecin de 2ᵉ classe de la Marine

AVEC DEUX CARTES EN COULEUR HORS TEXTE

PARIS

OCTAVE DOIN, ÉDITEUR

8, PLACE DE L'ODÉON, 8

1885

CONTRIBUTION A L'ÉTUDE DU NON-COSMOPOLITISME DE L'HOMME

LA COLONISATION

DE LA

GUYANE PAR LA TRANSPORTATION

ÉTUDE HISTORIQUE ET DÉMOGRAPHIQUE [1]

PAR M. LE Dr J^h ORGÉAS

MÉDECIN DE DEUXIÈME CLASSE

> La langue des chiffres seuls hiéroglyphes
> qui se soient conservés parmi les signes de
> la pensée, n'a pas besoin d'interprétation.
> Alexandre de HUMBOLDT.

AVANT-PROPOS

Quelques années après l'établissement de la transportation à la Guyane, le gouvernement impérial mit à exécution le projet qu'il avait conçu au début, à savoir : *L'utilisation de la transportation aux progrès de la colonisation française* [2].

C'est dans ce but que fut fondé l'établissement agricole du Maroni. Des concessions de terrain furent faites à quelques transportés libérés et à des condamnés, en cours de peine, choisis parmi les plus méritants. Ne prévoyant pas les obstacles qui devaient surgir plus tard, on croyait possible de créer, presque sous l'Equateur, une *Guyane de la transportation*, comme l'Angleterre, un peu plus d'un demi-siècle auparavant, avait créé l'*Australie des convicts*.

Pour compléter le noyau de cette société nouvelle, plusieurs convois de femmes recrutées dans les maisons centrales de France furent successivement dirigés sur la Guyane. Ces fem-

---

[1] Ce Mémoire a obtenu le Prix de médecine navale pour l'année 1882.

                          (*La Rédaction*).

[2] Message du Président de la République en date du 12 novembre 1850.

mes étaient destinées à devenir les compagnes des nouveaux colons et à donner, dans l'avenir, de nombreux citoyens libres à la colonie naissante. Comme nous le verrons dans la suite, les sacrifices budgétaires n'ont pas été épargnés, depuis le début jusqu'à l'époque actuelle, pour faire réussir cette entreprise.

Vingt-trois ans se sont écoulés depuis que cet essai de colonisation se poursuit ; une génération a eu le temps de naître et de grandir. Il est opportun d'examiner les résultats obtenus et de soumettre à une analyse scientifique l'œuvre entreprise en 1857 au Maroni.

Les phénomènes présentés par les collectivités humaines, qu'on les appelle phénomènes politiques, économiques, démographiques, sont régis par des lois fixes ; ils ont un *détermi-nisme* aussi positif que les phénomènes présentés par la matière brute. Lorsque le commodore Arthur Philip jetait, le 16 juin 1788, ses 760 convicts sur la partie de la terre australienne à laquelle le capitaine Cook, 18 ans auparavant, avait donné le nom de *New-South-Wales* (Nouvelle Galles du Sud), les rives de Botany-Bay et de Port-Jackson étaient aussi sauvages et aussi désertes que les bords du Maroni en 1857. Si 23 ans après, quelqu'un avait fait sur la nouvelle colonie des convicts anglais l'étude que je me propose de faire sur l'établissement du Maroni, il aurait pu prédire les destinées futures de l'Australie. Ces recherches lui auraient démontré que, abstraction faite des premières années, la mortalité de la race anglo-saxonne sur ce sol nouveau était moindre qu'en Angleterre. L'exemple de plusieurs colonies et particulièrement du Canada et de l'Amérique du Nord, avait appris que tout pays neuf où la race blanche peut vivre et se suffire à elle-même, est appelé à prospérer rapidement. A la fin du siècle dernier, Malthus, en étudiant le développement des États-Unis trouva que, durant un siècle et demi, sans tenir compte de l'immigration, la population avait doublé, tous les 25 ans[1]. En se basant sur ces observations, on aurait pu, dès les premières années de ce siècle, prévoir sans s'écarter beaucoup de la vé-

---

[1] C'est sur l'observation de ce fait que Malthus a basé la première des lois étudiées dans son *Essai sur le principe de population* (1798), à savoir : *Le développement de l'espèce humaine suivant une progression géométrique.* (Voir le chapitre premier de l'*Essai.*)

rité, le développement prodigieux des colonies anglaises de l'Australie.

Il n'y a pas plus de 15 ans, on avait encore la naïveté de rêver pour la colonie pénitentiaire du Maroni un avenir semblable à celui de la Nouvelle-Galles du Sud. On croyait que la transportation devait changer la face de la Guyane, et que le Maroni, colonie pénitentiaire comme Port-Jackson à son origine, était destiné à voir s'élever, sur ses bords, des cités populeuses, devant rivaliser en richesses, en civilisation, avec les villes les plus florissantes de la vieille Europe, et avoir, dans moins d'un siècle, leurs expositions universelles comme Paris et Londres.... Sydney et Melbourne.

Les illusions sont tombées aujourd'hui ; mais il reste à expliquer pour quelles causes l'avenir qu'on avait rêvé ne doit pas se réaliser. Les conclusions de ce travail fourniront ces explications.

La science a intérêt à suivre avec attention les essais de colonisation européenne et à en connaître les résultats. Abstraction faite de son importance au point de vue de l'hygiène, dit le docteur Jules Rochard, la question de l'acclimatement se lie à des questions économiques de la plus haute gravité. Sur cette question importante, depuis longtemps débattue, et sur laquelle il y a beaucoup à dire encore, les opinions les plus divergentes se sont produites. Il n'y a pas un siècle, des hommes éminents d'ailleurs, mais peu compétents parfois, et ne connaissant guère, en général, les choses, les lieux, et les conditions d'existence de l'Européen dans les pays dont ils parlaient, ne craignaient pas d'avancer les affirmations les plus hasardées et les plus erronées. « L'homme, dit Blumenbach qu'on peut considérer comme le créateur de l'anthropologie, a la faculté d'habiter les climats les plus opposés ; la flexibilité de son organisation, la *souplesse de son tissu cellulaire*, lui permet de se ployer, sans danger, à leur action, quelle qu'elle soit [1]. » Bien plus récemment, le docteur Cazalas écrivait : *Tout le monde sait, et personne ne songe à le contester*, qu'à raison de la merveilleuse flexibilité de son organisa-

[1] *Unité du genre humain, de ses variétés*, p. 85. Traduit par Chardel. — Paris, 1804.

L'ouvrage allemand : *Ueber die natürliche Verschiedenheit im Menschengeschlechte* a paru à Leipsig en 1798.

tion propre à se plier aux exigences des latitudes les plus
extrêmes, l'homme peut *vivre et se perpétuer dans tous les
climats* ; que l'homme du Nord peut s'acclimater, se multiplier et se perpétuer dans le Midi ; comme l'habitant du Midi,
dans les climats du Nord[1] ». Ainsi, d'après M. Cazalas, le
nègre pourrait se multiplier et se perpétuer au Groenland et
l'Esquimau serait apte à coloniser les Antilles et les Guyanes.
C'est une immigration à laquelle on n'a pas encore songé pour
nos colonies qui manquent de bras. « Avant tout, dit un autre
auteur, je commence par déclarer que, dans ma pensée bien
arrêtée, l'homme et surtout le blanc, peut s'acclimater, *travailler et prospérer* sur tous les points du globe habité. »
(E. Carrey. *Moniteur.*) D'autres pensent « qu'aux Antilles ce
n'est pas l'inaptitude des blancs à travailler la terre, mais
bien leur *orgueil* qui leur fait employer des nègres[2] ». Ces
auteurs écrivaient avant l'abolition de l'esclavage. L'égalité
civile entre le blanc et le nègre existe dans nos colonies depuis
54 ans, et cependant les garnisons blanches que la France en-
tretient dans ces pays, bien que ne cultivant pas le sol, n'ont
pas encore cessé de pousser l'orgueil jusqu'à présenter une
mortalité quatre ou cinq fois plus forte que la mortalité de
l'armée française et de la population masculine de 20 à
25 ans, en France. Enfin voici à ce sujet l'opinion d'un de nos
plus célèbres géographes : « Une ferme résolution, dit Malte-
Brun, de ne point se laisser vaincre par une maladie, est, de
l'avis de tous les médecins, un des remèdes les plus efficaces
pour se raidir contre l'influence d'un climat nouveau ; notre
corps n'attend que les ordres de l'intelligence.... Sous chaque
climat, les nerfs, les muscles, les vaisseaux, en se tendant ou
se relâchant, en se dilatant ou se resserrant, prennent bientôt
l'état habituel qui convient au degré de chaleur ou de froid
que le corps éprouve[3] ». On a vraisemblablement oublié d'apprendre cette gymnastique nervo-musculo-vasculaire à nos garnisons du Sénégal et aux transportés-colons du Maroni.

Prétendre que l'homme est cosmopolite, comme on semble
l'avoir cru généralement, depuis quatre siècles que la question

[1] *Moniteur algérien*, 20 janvier 1854.
[2] De l'acclimatation et de la colonisation en Algérie par Foley et Martin, 1847.
[3] *Géographie universelle* par Malte-Brun. — 5e édition. — Paris, 1853. —
Page 560.

est posée, prétendre qu'il peut vivre, travailler, cultiver le sol et se perpétuer sur tous les points du globe, c'est là une thèse qui n'est pas soutenable, à moins de nier catégoriquement 'autorité des faits les plus positifs.

« On a reconnu, dit M. Jules Rochard, que si l'homme, en tant qu'espèce, peut vivre à peu près partout, il ne lui est pas permis de changer, à son gré, de latitude et de climat, que la nature a mis quelques restrictions à l'exercice de ce droit et qu'il fallait étudier sous toutes ses faces cet important problème de l'émigration, en substituant l'austère langage des faits aux illusions un peu trop candides de la théorie[1] ». L'enseignement des faits positifs a fait justice des idées préconçues, des opinions sans autre base que l'imagination, mais bien des points de cette question si vaste de l'acclimatement et du non-cosmopolitisme de l'homme, que Boudin[2] a soutenu, un des premiers, avec autorité, sont loin d'être parfaitement connus. Lorsqu'une race, ne pouvant se mettre en harmonie avec le milieu nouveau où elle vit, est appelée à disparaître, comment s'opère cette extinction ? Quels sont les ressorts qui interviennent ? Est-ce la mortalité des adultes, la stérilité des mariages, la mortalité qui pèse sur l'enfance ? Si ces trois causes existent simultanément, quelle part revient à chacune d'elles ? D'autres causes peu connues ne peuvent-elles pas être invoquées ? Enfin quelle est l'action relative de chacun de ces facteurs ?

Autant de demandes auxquelles il serait difficile de faire une réponse, parce que, parmi les nombreux documents sur la matière la plupart sont vagues ; les documents analytiques et précis sont extrêmement rares, si toutefois il en existe.

Je me suis trouvé à la Guyane en présence d'un essai de colonisation avec des éléments européens. L'idée m'est venue d'étudier avec une rigoureuse méthode les principaux phénomènes présentés par ce groupe, de faire, en quelque sorte, la physiologie de cette collectivité en m'appuyant exclusivement sur les chiffres, dont la langue, suivant de Humboldt, n'a pas besoin d'interprétation[3].

---

[1] Jules Rochard. — Art. *Acclimatement du Dictionnaire de médecine et de chirurgie pratiques.*

[2] *Du non-cosmopolitisme des races humaines* in *Mémoires de la Société d'anthropologie.* 1860.

[3] De Humboldt, *Voyage aux régions équinoxiales du nouveau continent,* par

Je dois dire quelques mots des sources auxquelles j'ai puisé
les éléments de cette étude. La base de mon travail est un tableau *nominatif* des familles des *transportés-colons*, arrêté
au 1ᵉʳ janvier 1882 et indiquant la date du mariage, la race,
l'âge des conjoints, le sexe, le nombre des enfants, la date de
leur naissance et de leur décès, etc.... J'ai pris, comme point
de départ, tous les mariages de condamnés contractés au Maroni, depuis 1859 jusqu'au 1ᵉʳ janvier 1882.

Ce tableau a été composé au prix d'un travail rebutant, car,
pour être fait avec conscience, il a exigé de patientes et labo-
rieuses recherches. La plus grande partie des transportés mariés sont morts au Maroni ou y sont encore vivants. C'est là
que presque tous les enfants sont nés, que la plupart sont
morts et que les survivants existent. Pour tous ceux qui n'ont
jamais quitté le pénitencier du Maroni l'étude des familles a
été facile, quoique longue. Les registres de l'administration,
les registres de l'état civil (mariages, naissances, décès), ont
été suffisants. Mais parmi les transportés mariés au Maroni,
plusieurs, une fois libérés (4ᵉ catégorie, 2ᵉ section)[1], ont quitté
la colonie depuis plus ou moins longtemps, grâce aux dispositions de l'article 6 de la loi du 30 mai 1854[2]. D'autres
quoiqu'astreints à la résidence perpétuelle dans la colonie
(4ᵉ catégorie, 1ʳᵉ section), ont quitté le Maroni pour venir chercher fortune à Cayenne ou ailleurs. J'ai consulté à leur sujet
les registres de la Direction de l'administration pénitentiaire à
Cayenne ainsi que les registres de la Direction de l'intérieur.

Quelques détails restaient encore obscurs. Plus d'un renseignement puisé à l'Administration pénitentiaire et à la Direction
de l'intérieur me paraissait insuffisant ou douteux, surtout en
ce qui concerne les enfants. C'est ce qui m'a décidé à avoir
recours à une autre source.

Dans une petite ville de 7000 âmes, comme Cayenne, les
transportés libérés forment un milieu spécial, ayant ses lieux
particuliers de réunion et dont tous les membres se connais-
sent entre eux. Il m'a été facile, par l'intermédiaire de l'un
d'eux, d'avoir des informations très précises sur l'état des in-

---

Alexandre de Humboldt et Bouplaud, rédigé par Alex. de Humboldt. Tome onzième,
p. 175. Paris, 1826.

[1] Voir la notice.
[2] Voir la notice.

dividus et des familles qui m'intéressaient. J'en ai fait de même au Maroni ; j'ai consulté plusieurs libérés, habitant la colonie pénitentiaire depuis 20 ou 25 ans ; au moyen de feuilles portant mes demandes, que je leur donnais à remplir, ils m'ont fourni des renseignements précieux pour moi, sur quelques individus et sur plusieurs enfants.

Les informations puisées à ces sources diverses ont été soigneusement contrôlées entre elles.

J'ai voulu que l'exactitude scrupuleuse de mes statistiques compensât la quantité un peu restreinte d'individus sur lesquels elles portent. Pour d'autres raisons que l'on devinera facilement, j'ai eu à cœur aussi de ne m'appuyer que sur des faits absolument certains et parfaitement contrôlés. Je puis dire que les tableaux que je donne sur la population du Maroni sont l'expression presque mathématique et la plus exacte possible de la réalité.

Ce travail est divisé de la manière suivante :

PREMIÈRE PARTIE. — Notice historique sur la transportation à la Guyane et la colonie pénitentiaire du Maroni.

DEUXIÈME PARTIE. — Démographie.
1° Mariages, mortalité des conjoints.
2° Naissances, mortalité des enfants.

TROISIÈME PARTIE. — Considérations et conclusions.

PREMIÈRE PARTIE

—

NOTICE HISTORIQUE SUR LA TRANSPORTATION A LA GUYANE ET LA COLONIE PÉNITENTIAIRE DU MARONI

« Bannir les malfaiteurs, les gens mal famés, flétris ou dangereux, est une bien vieille coutume ; l'exil a dû précéder la prison, car l'idée en est plus simple ; l'autre mode seul la recherche, dénote le travail de civilisation[1]. » On peut dire

---

[1] *Etude sur la question des peines*, par Michaux, sous-directeur, depuis directeur des colonies au ministère de la Marine. p. 27. Paris, 1875.

que le bannissement et la suppression violente ont été les deux
seules formes de pénalité connues des hommes, à l'état sauvage et des sociétés, à leur origine. A mesure que les mœurs se
sont adoucies et que la civilisation a fait des progrès, d'autres
moyens, tel que l'amende, la prison, les châtiments corporels,
ont été employés pour réprimer les infractions aux lois éta-
blies. Dans les républiques de la Grèce et dans la république
romaine nous trouvons l'exil à côté des autres peines. L'ostra-
cisme était à Athènes une institution régulière. Les Athéniens
en frappèrent Aristide parce qu'ils ne pouvaient l'entendre appeler le Juste. L'éloquence de Démosthènes fit exiler, par le
peuple, Eschine, son rival. A Rome, Milon, meurtrier de Clo-
dius, pour lequel Cicéron a fait, après coup, son fameux plai-
doyer, *pro Milone oratio*, fut condamné par ses juges au bannissement. Nombreux sont les bannis célèbres que l'on rencontre en parcourant l'histoire. Nombreux aussi sont les exemples où l'exil, choisi de préférence dans un climat insalubre,
a été appliqué à des catégories de citoyens et même à des peuples entiers. Après la destruction de Jérusalem un grand
nombre de Juifs furent envoyés en Sardaigne, exil à propos
duquel Tacite fait cette singulière réflexion : « Lors même
qu'ils eussent succombé sous l'empire du climat, la perte n'eût
pas été grande[1]. » Après la guerre de Morée, Méhémet-Ali
voulant se débarasser de la soldatesque indisciplinable des
Arnaoutes, se borna à les envoyer sur le littoral de la mer
Rouge où 18 000 se trouvèrent, en peu d'années, réduits à 400
par la seule influence du climat. Est-il nécessaire de citer le
bannissement si fréquemment appliqué aux Juifs, pendant le
Moyen-Age, en Italie, en Espagne, en France, en Allemagne ?
Faut-il rappeler la déportation administrative en Sibérie, pra-
tiquée depuis si longtemps en Russie, la déportation des ad-
versaires du Directoire après le 18 fructidor, la déportation en Algérie des insurgés de juin 1848, la déportation à
la suite du coup d'État du 2 décembre 1851, enfin la déportation, en Nouvelle-Calédonie des insurgés de la Commune de
Paris !

Si l'expulsion de quelques citoyens inquiétants hors des
frontières de la patrie est aussi ancienne que les sociétés hu-

---

[1] *Et si ob gravitatem cœli interiissent, vile damnum.*

maines ; si l'exil appliqué aux vaincus des luttes politiques
et des guerres civiles, dont les vainqueurs veulent se débarasser après la victoire, a été connu et employé de tout temps,
l'idée de rejeter au loin les malfaiteurs, les criminels vulgaires
en un mot, la transportation des condamnés telle que nous la
comprenons aujourd'hui est beaucoup plus récente. Tant que
les nations civilisées ont été enserrées dans les limites du
Vieux-Monde, l'application de ce système n'a guère été possible. Elle n'a commencé qu'après la découverte de l'Amérique.
Lorsque l'Europe eût déversé son trop-plein d'habitants sur le
Nouveau Continent, on eut naturellement l'idée de rejeter aussi
dans ces pays nouveaux la lie impure de la population européenne, les malfaiteurs et les criminels.

De quelque manière que l'on envisage la légitimité du droit
de punir que s'arroge la société, quel que soit le philosophe,
Hobbes, Platon, Beccaria ou Bentham, dont on accepte la théorie en cette matière, soit que l'on pense avec Romagnosi que
« si, après le premier délit, il y avait certitude qu'il n'en sur-
viendra aucun autre, la société n'aurait aucun droit de punir »,
soit, au contraire, que l'on soit d'avis avec Kant que « si la
société civile était sur le point de se dissoudre, le dernier
meurtrier détenu dans une prison devrait être mis à mort au
moment de cette dissolution, afin que tout coupable portât la
peine de son crime et que l'homicide ne retombât point sur
le peuple qui aurait négligé de le punir », quelle que soit, dis-je,
l'opinion philosophique que l'on puisse avoir sur le droit de
punir, on ne peut s'empêcher de reconnaître qu'en principe
l'idée de la transportation des condamnés est une idée juste,
sage et pratique.

Sans nous arrêter à quelques faits particuliers nous trouvons
que l'Angleterre est, de toutes les nations européennes, la première qui ait compris qu'il est du devoir d'un grand peuple,
ayant au loin des possessions coloniales étendues, de rejeter,
au delà de l'Océan, son écume sociale. La déportation légale remonte à Elisabeth, mais c'est à dater de Jacques Ier qu'elle devint une institution régulière. En 1718, un bill du Parlement
décida que tout condamné à trois ans de prison au moins serait transporté dans l'Amérique du Nord. A cette première
phase de son histoire, la transportation des *convicts* était loin
d'avoir l'organisation régulière qu'elle a eue depuis lors.

Epurer le sol de l'Angleterre, tel était le but ; on s'occupait
peu de savoir ce que devenaient les éléments corrompus que
l'on jetait dans la colonie. Le Code anglais à cette époque ne
comprenait que trois peines : la prison en Angleterre pour une
durée de moins de trois ans, la transportation dans l'Amérique
du Nord et la mort. Et cette dernière peine était appliquée
avec une telle fréquence, par ce code draconien, qu'un illustre
Anglais a pu dire « que les lois de l'Angleterre étaient écrites
avec du sang. »

La transportation des *convicts* dans l'Amérique du Nord et
particulièrement dans le Maryland dura jusqu'à l'époque de
la guerre de l'Indépendance. Le transport des convicts fut, en
1774, l'un des plus forts griefs de la *Ligue de l'Indépendance.*
« Que dirait l'Europe, demandait Franklin, si l'Amérique lui
envoyait ses serpents à sonnettes? »

Plusieurs convois de condamnés avaient été, au début, débarqués dans quelques-unes des Antilles, à la Jamaïque, à la
Barbade, etc., pour être livrés ou vendus aux colons. C'était
une espèce de *traite des blancs* qui parût probablement à un
peuple aussi pratique que les Anglais moins avantageuse que
la *traite des nègres* puisqu'elle ne fut pas continuée.

Tout le monde connaît l'histoire de la transportation des
convicts en Australie. Ce sont leurs bras qui ont défriché ce
sol vierge. Jetés en face de la nature sauvage, les convicts ont
été les pionniers qui ont préparé l'avenir de ces colonies australiennes qui comptent actuellement près de 3 millions d'habitants. La transportation des convicts en Australie commencée
en 1788 a duré jusqu'en 1868. A l'exemple des colonies de
l'Amérique du Nord, les colonies australiennes, à partir de
1864, réclamèrent hautement la cessation de la transportation
et menacèrent l'Angleterre d'une révolution si la métropole
continuait de lui envoyer la lie de sa population. L'*Antitrans-
portation League* de Melbourne, surtout, parlait hautement de
révolte. Le gouvernement anglais céda. Le 10 janvier 1868
le *Houguemont* débarqua le dernier convoi de convicts. Depuis lors, l'Angleterre envoie ses condamnés dans l'île de
Norfolk.

La plupart des nations de l'Europe ont imité l'exemple de
l'Angleterre et adopté cette mesure d'hygiène sociale. Presque
toutes ont eu ou ont encore des lieux de transportation : le

Portugal, au Mozambique ; la Russie, dans le nord de la Sibérie ; la Hollande, dans ses possessions coloniales de l'Asie ; l'Espagne, dans l'une des îles Philippines, sans compter ses *presidios* du Maroc; la France, à la Guyane et à la Nouvelle-Calédonie.

Personne n'ignore que dans notre pays la transportation des condamnés aux travaux forcés n'a été inaugurée qu'en 1852. Comme toutes les réformes nécessaires, la réforme pénitentiaire, avant de passer définitivement dans le domaine des faits, avait été mise en avant plusieurs fois. La Constituante de 1789, qui a eu l'honneur d'entretenir, avec tant d'intelligence et de sens pratique, les grands principes qui doivent servir de base aux sociétés modernes, avait compris la nécessité de la transportation. Le Code pénal du 25 septembre 1791 stipulait que : *Quiconque ayant été repris de justice pour crime viendrait à être convaincu d'un nouvel attentat serait, après en avoir subi la peine, transféré, pour le reste de sa vie, dans le lieu de déportation des malfaiteurs.* La Convention fut plus rigide encore; par la loi du 24 vendémiaire an II, elle assimilait aux récidivistes les vagabonds de profession. Ces dispositions du Code pénal de 1791 et de la loi de l'an II ne furent jamais appliquées et furent même abrogées sous l'Empire.

La question de la transportation dans une colonie des condamnés aux travaux forcés, des repris de justice et des récidivistes fut encore agitée à différentes époques sous la Restauration et la monarchie de Juillet. En 1830, Dupont, de l'Eure, dans son rapport sur la justice criminelle pour l'année 1829, désire que « dans l'intérêt des mœurs publiques et de leur épuration les repris de justice soient envoyés dans une colonie pénitentiaire. » En 1843, la transportation trouva place dans un projet de loi discuté et adopté par la Chambre des députés mais qui resta à l'état de lettre morte.

Après la révolution de 1848, à la suite de la déportation en Algérie des insurgés des journées de Juin, l'évacuation des bagnes sur une colonie pénitentiaire attira de nouveau l'attention. La Commission d'enquête sur la marine, réunie en 1848 sous la présidence de M. Dufaure, se prononça pour la suppression des bagnes dans les ports et pour l'étude de moyens propres à remplacer par la transportation la peine des travaux forcés alors en vigueur. La loi du 8 juin 1850 sur la déportation des insurgés des journées de Juin 1848, désigna la vallée de Vaïthu et l'île de Nouka-Hiva, aux Marquises, comme lieux de déportation. Mais, la trop grande distance de ces points et les dépenses considérables de transport que l'application de cette loi aurait entraînées en empêchèrent l'exécution. Les insurgés de Juin restèrent en Algérie et un certain nombre furent transportés à la Guyane en 1852.

La Commission du budget de l'année 1850 souleva encore la question. Berryer, qui en était le rapporteur, après avoir fait ressortir les inconvénients nombreux résultant de l'existence des bagnes dans les ports militaires et les avantages de la transportation des forçats dans une colonie, concluait ainsi : « La Commission exprime un vœu énergique pour la suppression des bagnes. »

Dans son message à l'Assemblée législative, en date du 12 novembre 1850, le Président de la République, Louis-Napoléon Bonaparte, s'inspirant du vœu émis par la Commission du budget, disait : « Six mille condamnés, renfermés dans nos bagnes de Toulon, de Brest et de Rochefort, grèvent notre budget d'une charge énorme, se dépravent de plus en plus et menacent incessamment la Société. Il me semble possible de rendre la peine des travaux forcés plus efficace, plus moralisatrice, moins dispendieuse et en même temps plus humaine en l'utilisant aux progrès de la colonisation française. Un projet de loi vous sera présenté sur cette question. »

Les préoccupations absorbantes de la politique intérieure ne permirent pas de donner suite à cette idée et le projet de loi promis par le message ne fut pas présenté.

Survint le coup d'Etat du 2 décembre 1851. La transportation à la Guyane fut décrétée le 8 décembre 1851. La transportation, à laquelle on ne songeait guère auparavant, fut organisée avec une rapidité prodigieuse et, à la fin du mois de mars 1852, l'*Allier* partait de Brest avec plus de 300 transportés de toutes catégories : forçats, repris de justice et quelques déportés politiques.

La Guyane était-elle bien choisie comme lieu de transportation ? Avait-on suffisamment étudié cette question capitale : la possibilité de coloniser avec des forçats européens un pays situé presque sous l'équateur? S'était-on demandé si cette entreprise, si inopinément et si précipitamment décidée par dédret, sans prendre l'avis ni d'une assemblée politique, ni d'un corps savant, ni même d'une simple commission, était de nature à rendre la peine des travaux forcés *plus efficace, moins dispendieuse et plus humaine*? C'est une question que nous examinerons dans notre troisième partie.

Il n'est nullement question des condamnés aux travaux forcés dans le décret du 8 décembre 1851 qui vise seulement les repris de justice et les ennemis du nouveau régime, les *suspects*, que l'on qualifie d'*affiliés aux sociétés secrètes*. Les deux premiers articles de ce décret sont ainsi conçus :

Article premier. — *Tout individu placé sous la surveillance de la haute police, qui sera reconnu coupable de rupture de ban, pourra être transporté par mesure de sûreté générale dans une colonie pénitentiaire, à Cayenne ou en Algérie. La durée de la transportation sera de 5 ans au moins et de 10 ans au plus.*

Article 2. — *La même mesure sera applicable aux individus reconnus coupables d'avoir fait partie d'une société secrète.*

En présence du nombre considérable des personnes arrêtées à la suite du coup d'Etat du 2 décembre, le gouvernement nomma le 3 février 1852 des commissions départementales restées célèbres sous le nom de *Commissions mixtes* et chargées de statuer sur le sort des individus arrêtés. Sur les 26 642 personnes arrêtées (d'après le rapport du ministre de la police), les commissions mixtes en mirent 6504 en liberté et condamnèrent les autres à des peines diverses : la surveillance de la police, l'expulsion du territoire, l'internement et enfin la transportation en Algérie et à la Guyane [1].

Cependant le nouveau régime rassuré par le succès du coup d'Etat et par le résultat du plébiscite, songeait à évacuer sur la Guyane les forçats des bagnes en même temps que les con-

[1] Quel a été le nombre des déportés politiques envoyés à la Guyane? Le gouvernement impérial a toujours été sobre de renseignements officiels sur les premières années de la transportation. D'après un tableau présenté à l'empereur le 25 janvier 1853 par M. de Maupas, ministre de la police, il n'y aurait eu que 239 déportés politiques envoyés à Cayenne. D'après la *Notice sur la transportation* publiée en 1867 par les soins de l'amiral Rigault de Genouilly, ministre de la marine, il y aurait eu à la date du mois d'août 1866, 329 déportés politiques et 2641 repris de justice envoyés à la Guyane. C'est le nombre donné par toutes les *Notices sur la transportation* que publie à peu près régulièrement chaque an-

damnés des *Commissions mixtes* et les repris de justice. A la
date du 20 février 1852 un rapport adressé au Prince-Président
de la République par le Ministre de la marine et des colonies, M Théodore Ducos, rend compte des dispositions prises
pour supprimer immédiatement le bagne de Rochefort et diriger sur la Guyane deux convois de forçats pris parmi les condamnés ayant demandé à être transportés dans cette colonie. Le décret du 27 mars 1852 détermine le régime
applicable aux condamnés transportés à la Guyane française.
Toutes les dispositions de ce décret ont été reproduites
presque textuellement dans la loi du 30 mai 1854 sur l'exécution de la peine des travaux forcés. Voici les principales de ces
dispositions :

La peine des travaux forcés sera subie, à l'avenir, dans des
établissements créés, par décret de l'empereur, sur le territoire d'une ou de plusieurs possessions françaises autres que
l'Algérie (Article premier de la loi).

Les femmes condamnées aux travaux forcés pourront être
conduites dans un des établissements créés aux colonies ; elles
seront séparées des hommes et employées à des travaux en
rapport avec leur âge et avec leur sexe. (Article 4 de la loi.
Article 3 du décret).

née le département de la marine et des colonies. Remarquons que ce nombre de
329 déportés politiques représente simplement les *citoyens suspects* auxquels on
n'avait à reprocher que leurs opinions politiques. Un grand nombre de déportés
politiques sont compris parmi les forçats et les repris de justice. Sur les
26 642 personnes (rapport de M de Maupas cité plus haut) arrêtées ou poursui-
vies en France à l'occasion du coup d'État plus de 20 000 furent frappées de peines diverses. « 915 furent condamnés par les tribunaux ou les conseils de guerre
pour crimes ou délits de droit commun, c'est-à-dire, la plupart du temps, pour
crimes ou délits politiques. Ainsi, par exemple, un condamné politique réfugié à
Genève, qui rentrait en France pour défendre la République, est arrêté à la fron-
tière, lutte contre les agents qui veulent le prendre et a le malheur d'en tuer un.
Il est poursuivi pour assassinat, condamné à mort et guillotiné. Un autre est condamné par jugement à 20 ans de travaux forcés pour avoir donné asile à des fugi-
tifs.... La transportation appliquée *administrativement* aux repris de justice
était un fait nouveau dans notre législation pénale, et les condamnations les plus
légères pour délits politiques transformant un citoyen en repris de justice, il n'est
pas permis de douter qu'un grand nombre de *politiques* ne fussent compris sous
cette dénomination. Cela nous met assez loin des 239 transportés à Cayenne de
M. de Maupas.

M. de Maupas donne pour les transportés politiques en Algérie le chiffre de
9530, pour les citoyens condamnés à l'éloignement ou à l'expulsion celui de 1545
et celui de 2804 pour les condamnés à l'internement. »

(Jules Simon. *Souvenirs du 4 septembre.*

Tout individu condamné à moins de 8 ans de travaux forcés sera tenu, à l'expiration de sa peine, de résider dans la colonie pendant un temps égale à la durée de sa condamnation. — Si la peine est de 8 années il sera tenu d'y résider pendant toute sa vie. (Article 6 de la loi. Article 6 du décret).

Les condamnés des deux sexes qui se seront rendus dignes d'indulgence par leur bonne conduite, leur travail et leur repentir, pourront obtenir : 1° L'autorisation de travailler aux conditions déterminées par l'administration, soit pour les habitants de la colonie, soit pour les administrations locales. 2° Une concession de terrain et la faculté de le cultiver pour leur propre compte. Cette concession ne pourra devenir définitive qu'après la libération du condamné. 3° L'autorisation de contracter mariage. (Article 11 de la loi. Article 4 du décret).

Le gouvernement n'a jamais usé du droit, que lui confère l'article 4 de la loi du 30 mai 1854, de transporter les femmes condamnées aux travaux forcés. Toutes les femmes transportées à la Guyane ou à la Nouvelle-Calédonie, y sont allées sur leur demande. Parmi ces femmes, il s'en trouve qui ne sont condamnées qu'à la réclusion et même simplement à la prison.

Il résulte de l'article 6 de cette même loi qu'un individu condamné à 7 ans de travaux forcés peut rentrer en France après 14 ans passés à la Guyane (7 ans en cours de peine et 7 ans à l'état de libéré astreint à la résidence dans la colonie). Cette disposition porte le nom vulgaire de *doublage*. Pour les individus condamnés à 8 ans de travaux forcés le *doublage* dure toute la vie [1].

Les individus transportés à la Guyane depuis 1852 l'ont

---

[1] La plupart des écrivains qui se sont occupés du système pénitentiaire ont désapprouvé les dispositions du premier paragraphe de l'article 6 de la loi du 30 mai 1854. Dans un travail intéressant, intitulé les *Récidivistes*, un jeune écrivain de talent, M. Joseph Reinach (*Revue politique et littéraire*, numéro du 15 octobre 1881 et *suivants*) se prononce dans le même sens. — Le dernier article du projet de loi sur la *transportation des récidivistes* déposé sur le bureau de la Chambre des députés, il y a quelques mois, par M. Waldeck-Rousseau, ancien ministre de l'intérieur, modifie les dispositions de cet article 6. — Tout condamné ou récidiviste, transporté dans une colonie pénitentiaire serait astreint à la résidence perpétuelle dans la colonie et ne pourrait plus rentrer en France, à moins qu'il ne fût gracié par le chef de l'État.

été par application de mesures très diverses. Les uns étaient des forçats évacués des bagnes à la suite du décret du 22 mars 1852 ou par application de la loi du 30 mai 1854[1]. Les autres étaient des repris de justice et des déportés politiques envoyés à la Guyane en vertu du décret du 8 décembre 1851, sur un simple arrêté du Ministre de l'intérieur ou à la suite d'une condamnation prononcée par les Commissions mixtes. Quelques individus ont été atteints par le décret du 31 mai 1852 soumettant à la transportion à la Guyane certaines catégories des insurgés des journées de Juin 1848, que le décret du 27 juin 1848 et la loi du 8 juin 1850 avaient internés en Algérie. Le décret du 5 mars 1852[2] ainsi que la loi du 27 février 1858[3]) dite *loi de sûreté générale*, votée après l'attentat d'Orsini, ont contribué également à envoyer quelques transportés de plus à la Guyane. Enfin un décret du 20 août 1855 porte que les individus des deux sexes, d'origine africaine ou asiatique, condamnés aux travaux forcés ou à la réclusion par les tribunaux de la Guyane, de la Martinique, de la Guadeloupe et de la Réunion, seront envoyés dans les établissements pénitentiaires de la Guyane.

L'histoire a jugé les hommes du 2 Décembre. Elle leur reprochera éternellement d'avoir assimilé leurs ennemis politiques aux forçats évacués des bagnes. Les condamnés des Commissions mixtes ont été dirigés sur la Guyane mêlés à des convois de forçats ; ils ont été soumis au même régime que ces

[1] Les forçats évacués sur la Guyane à la suite du décret du 27 mars 1852 ont été transportés sur leur demande. La loi du 30 mai 54 établit que dorénavant la peine des travaux forcés doit être subie dans une colonie pénitentiaire.

[2] Ce décret sanctionne les peines prononcées par les Commissions mixtes. Il dit à l'article 2 : *Les individus compris dans la catégorie de ceux qui doivent être transportés à la Guyane française ou en Algérie seront mis à la disposition du Ministre de la marine pour être transportés à la Guyane et à la disposition du Ministre de la guerre pour être transportés en Algérie.* — Les articles 5 et 6 auxquels je fais allusion sont ainsi conçus :
Article 5. — *Tout individu transporté en Algérie, qui aura quitté, sans autorisation, le lieu qui lui aura été fixé pour résidence, pourra être, par mesure administrative, transporté à la Guyane française.*
Article 6. — *Tout individu expulsé ou éloigné momentanément du territoire, qui sera rentré en France sans autorisation, pourra être, par mesure administrative, transporté en Algérie ou à la Guyane française.*

[3] L'article 9 de cette loi est ainsi conçu : *Tout individu interné en Algérie ou expulsé du territoire qui rentre en France, sans autorisation, peut être placé dans une colonie pénitentiaire, soit en Algérie soit dans une autre possession française.*

derniers[1], enfin, on leur a donné la même appellation. Lorsqu'on parcourt les pièces officielles de l'époque, tant en France qu'à Cayenne, on voit que tous les individus envoyés à la Guyane, quelle que soit leur origine, sont uniformément désignés par l'appellation générique de *transportés*. On a voulu évidemment établir une confusion entre les individus condamnés par les jurys des Cours d'assises et les hommes condamnés par les commissions mixtes, de manière à faire de ces derniers quelque chose d'intermédiaire entre le forçat en cours de peine et le forçat libéré[2].

Voici la classification officielle des transportés :

Transportés de la première catégorie. .		Condamnés aux travaux forcés en cours de peine.
Transportés de la deuxième catégorie .		Condamnés à la réclusion (réclusionnaires coloniaux).
Transportés de la troisième catégorie .	1re section.	Repris de justice (décret du 8 décembre 1851).
	2e section.	Affiliés aux sociétés secrètes (8 décembre 1851, déportés politiques).
Transportés de la quatrième catégorie.	1re section.	Libérés astreints à la résidence temporaire ou perpétuelle dans la colonie.
	2e section.	Libérés non astreints à la résidence dans la colonie.

La troisième catégorie n'existe plus depuis longtemps[3]. Les hommes de la deuxième section sont morts pour la plupart. La misère, le chagrin et la fièvre jaune qui a décimé la transportation dans les premières années, ont frappé ces hommes plus durement que les autres. Quelques-uns ont été graciés. Les derniers survivants ont été amnistiés par le décret du 14 août 1859. Un décret du gouvernement provisoire en date du 24 octobre 1870 a abrogé le décret du 8 décembre 1851 et la loi du 27 février 1858 dite de *sûreté générale*. Les repris de justice qui existaient encore à la Guyane ont été rapatriés en 1873.

[1] Décret du 29 août 1855.

[2] Le nom de *déportés politiques* était communément donné aux hommes transportés en vertu de l'article 2 du décret du 8 décembre 1851. Cette appellation ayant été employée dans une pièce officielle, le Gouverneur de la Guyane rappelle, dans une circulaire à MM. les chefs d'administration, que l'appellation officielle des hommes en question est *Transportés de la troisième catégorie, deuxième section*, la seule admise par Son Exc. M. le Ministre. (*Bulletin officiel de la Guyane*, année 1856, p. 529, n° 714).

[3] Cependant, aujourd'hui, l'administration pénitentiaire range dans la troisième catégorie, première section, les quelques femmes, venues à la Guyane, qui ne sont condamnées qu'à la prison.

Les libérés de la quatrième catégorie, deuxième section, non astreints à la résidence dans la colonie et, par conséquent, pouvant rentrer en France, n'ont pas droit au rapatriement au compte de l'État[1]; ils doivent pourvoir à leurs frais de passage. Avant de faire partie de la deuxième section, un libéré doit avoir passé, dans la première section, un laps de temps égal à la durée de sa peine. Ainsi un condamné à 7 ans de travaux forcés est mis dans la première catégorie pendant 7 ans, il passe ensuite à la quatrième catégorie, première section, où il reste encore 7 ans avant de passer dans la deuxième section. S'il est condamné à 8 ans de travaux forcés après avoir subi sa peine il reste toute sa vie dans la quatrième catégorie, première section.

La nouvelle du coup d'État du 2 décembre 1851 fut apportée à la Guyane par le brick *le Yolof*, parti du Havre le 12 décembre et arrivé à Cayenne le 18 janvier 1852. Peu de jours après, arrivèrent les dépêches ministérielles datées des 17, 27 et 29 décembre relatives aux mesures à prendre en vue de l'arrivée dans la colonie des individus qui devaient y être transportés, en exécution du décret du 8 décembre. Le gouverneur nomma deux commissions (31 janvier) : l'une pour donner son avis sur le choix des lieux où pourraient être placés les établissements pénitentiaires à créer dans la colonie ; l'autre fut chargée de se livrer à l'étude des travaux à exécuter pour la formation de ces établissements. Les Iles-du-Salut, trois îlots d'origine volcanique, situés à 6 milles au nord de l'embouchure du Kourou et à 27 milles au nord-ouest de Cayenne, avaient déjà été choisies comme dépôt central des transportés ; on s'occupa activement d'y établir des baraques venues de Bordeaux par un navire de commerce. Des militaires, des marins, des ouvriers d'artillerie furent envoyés à l'île Royale pour exécuter ces travaux qui n'étaient pas encore terminés lorsque le premier convoi de transportés arriva aux Iles-du-Salut.

L'Allier, parti de Brest avec 5 déportés politiques et 298 forçats et repris de justice le 30 mars 1852, mouilla le 10 mai suivant sur rade de l'île Royale. Il fut suivi par la

---

[1] Dans le principe, l'État se chargeait de ramener en France les libérés de la quatrième catégorie, deuxième section. Une décision impériale prise vers la fin de 1868 a retiré aux libérés le droit au rapatriement, par les bâtiments de l'État.

frégate *la Forte* qui partit de Brest le 25 avril, avec 16 déportés politiques, 33 repris de justice et 347 forçats, et arriva le 20 mai aux Iles-du-Salut. Dans le courant de l'année 1852, quatre autres transports partirent de France pour la Guyane : *l'Erigone* avec 144 déportés politiques, 94 repris de justice et 161 forçats arriva aux Iles-du-Salut le 22 juin ; *le Duguesclin*, avec 5 politiques, 61 repris de justice et 450 forçats mouilla aux Iles le 25 août ; *la Fortune*, avec 5 politiques, 1 repris de justice et 302 forçats, arriva le 30 octobre ; enfin *l'Egérie*, avec 310 transportés, parmi lesquels quelques politiques et quelques repris de justice, mouilla devant l'île Royale, le 21 janvier 1853. A la fin de l'année 1856, 21 transports de l'État venus de France avaient débarqué, aux Iles-du-Salut, 6915 transportés de toutes catégories, parmi lesquels 2500 avaient succombé, à la date du 31 décembre 1856. Sur ces 2500 décès, 968 étaient dus à la fièvre jaune.

C'est M. de Chabannes-Curton, capitaine de vaisseau et gouverneur de la Guyane, qui présida aux premières dispositions prises en vue de l'installation des transportés. M. de Chabannes-Curton fut remplacé par M. Sarda-Garriga (décret du 10 mars 1852) qui partit pour la Guyane à bord de *l'Allier*, en même temps que le premier convoi de transportés et arriva à Cayenne le 11 mai, avec le titre de Commissaire général et la mission spéciale d'organiser les établissements pénitentiaires. M. Sarda-Garriga quitta la colonie au mois de février 1853 et fut remplacé successivement par le contre-amiral Fourichon, (février 1853 — janvier 1854), le contre-amiral Bonard, (janvier 1854 — octobre 1855), et, après un intérim de quatre mois, par le contre-amiral Baudin (février 1856 — mai 1859), le contre-amiral Tardy de Montravel (mai 1859 — mai 1864), etc.

Après avoir pourvu à la première installation du dépôt central des transportés aux Iles-du-Salut, il fallut s'occuper de la création d'établissements pénitentiaires sur le continent. Les premiers essais de l'administration ne furent pas heureux ; elle perdit six années en tâtonnements désastreux et stériles fondant des pénitenciers que l'insalubrité des lieux força d'abandonner plus tard. Le choix de l'île de Cayenne ayant été écarté, en principe, les regards se portèrent sur la partie de la Guyane située au vent de Cayenne. Si cette portion de la colonie est plus attrayante et plus fertile que la partie située sous le vent, elle est aussi beaucoup plus malsaine. L'administration pénitentiaire ne trouva sa voie définitive qu'à la fin de l'année 1857, date de la fondation de la colonie pénitentiaire du Maroni.

La transportation à la Guyane fut sur le point d'être supprimée en 1857. On se demandait, en haut lieu, si un gouvernement avait le droit d'envoyer à une mort presque certaine des hommes condamnés par les jurés à 5 ans de travaux forcés, en les expédiant dans des pénitenciers où la *mortalité annuelle* était de 31,1 p. 100 comme à la Montagne-d'Argent en 1853, de 21,5 et de 21,3 p. 100 comme à Saint-Georges de l'Oyapock et à la Montagne-d'Argent en 1854, de 35 p. 100 comme aux Iles-du-Salut en 1855, de 27,9 p. 100 et de 62,3 p. 100 (je dis soixante-deux) comme à la Comté et à la Montagne-d'Argent en 1856, ce qui donne, comme durée de la vie probable [1], aux Iles-du-Salut, en 1855, un an sept mois et six jours, et, à la Montagne-d'Argent, en 1856, huit mois et quinze jours. A une autre époque l'opinion publique se serait émue de cet état de choses qui durait depuis cinq ans, mais on sait à

---

[1] Un groupe quelconque, soit, par exemple, un groupe de 100 individus étant soumis à une mortalité donnée n p. 100 par an, au bout d'un certain temps 50 individus seront morts et il restera 50 survivants. Il y a autant de probabilité pour qu'un individu, pris au hasard dans le groupe, se trouve, en ce moment-là, parmi les décédés ou parmi les survivants. Le temps écoulé depuis le moment où le groupe a été soumis à la mortalité n jusqu'au moment où ce groupe est réduit de 100 à 50 individus, constitue la durée de la vie probable. Représentons par x la durée de la vie probable et par n la mortalité. Au bout de la première année le groupe de 100 individus est réduit à $100 - n$. Au bout de la deuxième année il reste

$$100 - n - \frac{n}{100}(100 - n) = (100 - n)\left(1 - \frac{n}{100}\right) = \left(\frac{100 - n}{100}\right)^2.$$

Au bout de la troisième année, il restera :

$$\left(\frac{100 - n}{100}\right)^2 - \frac{n}{100}\left(\frac{100 - n}{100}\right)^2 = \left(\frac{100 - n}{100^2}\right)^3.$$

D'une manière générale, au bout de la xme année il restera $\left(\frac{100 - n}{100^{x-1}}\right)^x$

Par conséquent, nous pouvons poser l'équation $\left(\frac{100 - n}{100^{x-1}}\right)^x = 50.$

D'où nous tirons $x = \dfrac{\log. 50 - \log. 100}{-\log. 100 + \log (100 - n)}$;

Si on prend les logarithmes vulgaires log. 100 = 2 et la valeur de x devient

$$x = \frac{\log. 50 - 2}{\log. (100 - n) - 2}.$$

quoi était réduite la voix de l'opinion publique en 1857. Du reste, seul le gouvernement avait des renseignements exacts et gardait le silence le plus complet sur ce qui se passait dans les pénitenciers[1]. Son devoir était de supprimer la transportation à la *Guyane*. Je sais qu'il en fut sérieusement question : dans plusieurs pièces officielles j'ai découvert des preuves que cette pensée préoccupait le Ministre. Malheureusement on temporisa ; sur ces entrefaites la mortalité générale diminua un peu ; on tenta, au Maroni, un nouvel essai d'établissement qui donna des résultats moins désastreux que sur les autres points de la colonie A partir de 1861 l'état sanitaire devint assez satisfaisant au Maroni et on y concentra la transportation.

MOUVEMENT DE L'EFFECTIF DES TRANSPORTÉS A LA GUYANE, DEPUIS LE DÉBUT DE LA TRANSPORTATION EN 1852 JUSQU'AU 1er JANVIER 1878.

		Hommes.	Femmes
Hommes.	Forçats de race blanche.	16.195	
	Forçats d'origine asiatique africaine polynésienne	1.520	
	Réclusionnaires coloniaux	650	
	Repris de justice	2.816	»
	Politiques (affiliés aux sociétés secrètes).	529	
	Etrangers expulsés (Européens). . . .	8	
Femmes	Transportés volontaires	9	»
	Condamnés à des peines diverses et provenant des maisons centrales . .	»	599
	Totaux	21.907	599
		21.906	

A RETRANCHER :

Libérés partis de la colonie.	Forçats et réclusionnaires.	1.862	
	Repris de justice	1.259	
	Politiques rentrés en France.	157	
	Politiques partis pour l'étranger . . .	25	5.694
	Forçats id. . . .	575	
	Etrangers expulsés.	4	
	Repris de justice partis pour l'étranger.	10	
	Transportés volontaires.	2	
Décédés.	Par maladies.	10.506	10.857
	Par accidents	551	
En résidence volontaire à la Guyane.	Forçats libérés	1.029	
	Politiques amnistiés	16	
	Réclusionnaires	145	1.260
	Repris de justice	67	
	Transportés volontaires	5	
Évadés ou disparus.		2.452	2.452
	Total.		18.245

EXISTANTS AU 1ᵉʳ JANVIER 1878.

Hommes . . . . , ...	3.519
Femmes	144
TOTAL.	3.663

RÉCAPITULATION :

Existants au 1ᵉʳ janvier 1878.	(Hommes et femmes).	3.663
Libérés partis de la colonie	(Hommes et femmes).	3.694
Décédés.	(Hommes et femmes).	10.837
En résidence volontaire à la Guyane. . .	(Hommes et femmes).	1.260
Évadés ou disparus	(Hommes et femmes).	2.452
TOTAL DES INDIVIDUS transportés à la Guyane au 1ᵉʳ janvier 1878.		21.906

L'histoire de la transportation à la Guyane peut se diviser en trois périodes : La première, de 1852 à 1858 et même à 1860, est la période des tâtonnements et des essais. La seconde période, de 1860 à 1867 ou 1868, est la période de colonisation et de développement de l'établissement du Maroni. Enfin la troisième période, ou période de déclin, commence en 1868 et se continue jusqu'à l'époque actuelle.

A la date du 1ᵉʳ janvier 1857 la Guyane avait reçu 6915 transportés. On comptait 19 069 condamnés (dont 524 femmes) arrivés à la Guyane à la date du 1ᵉʳ janvier 1871. Enfin, au 1ᵉʳ janvier 1878, l'effectif des individus de toutes catégories transportés à la Guyane monte à 21 906. Dans ce nombre il y a 599 femmes. Comme on peut le voir dans le tableau ci-dessus, sur ces 21 906 individus de toutes catégories transportés à la Guyane depuis 1852 jusqu'au 1ᵉʳ janvier 1878, 10 837 sont morts dans la colonie à cette dernière date, 3694 ont quitté la Guyane après leur libération, 2452 sont évadés ou disparus, 1260 sont libérés et en résidence dans la colonie, enfin 3663 existent encore dans les pénitenciers.

Sur ces 3663 transportés il y a 144 femmes. Les 3519 hommes existant à la date du 1ᵉʳ janvier 1878 se décomposent ainsi au point de vue de la race : 1599 Européens, 1285 Arabes et 635 noirs[1]. Les transportés (hommes et femmes) étaient répartis de la manière suivante dans les divers établissements

---

[1] L'administration pénitentiaire comprend sous le nom de *noirs* tous les transportés autres que les Européens et les Arabes, c'est-à-dire les nègres, les Indiens, les Chinois et les Annamites.

pénitentiaires : 490 aux Iles-du-Salut, 176 à Kourou, 1101 au
pénitencier de Cayenne, 1141 au Maroni et 755 à Cayenne et
dans les quartiers. Sur ces 3663 condamnés 2341 (Européens,
Arabes, noirs) appartenaient à la première catégorie, 76 (noirs)
à la deuxième catégorie, 1099 à la quatrième catégorie, première section, un à la quatrième catégorie, deuxième section.
Il y a encore un étranger expulsé et un individu de la deuxième
catégorie, deuxième section. Au point de vue de la religion, ils
se divisent en 2052 catholiques, 52 protestants, 12 israélites,
1352 musulmans et 195 idolâtres. L'effectif actuel des transportés à la Guyane est inférieure à 3663. Les budgets de 1881
et de 1882 calculent les dépenses d'après un effectif probable
de 2500 transportés, ce qui peut être considéré comme un
maximum.

L'effectif moyen de la transportation va en augmentant depuis 1852 jusqu'en 1866 et diminue constamment à partir de
cette époque. Cet effectif est de 1500 individus en 1852, de
5702 en 1856, de 5597 en 1860, de 7655 en 1866. C'est le
nombre le plus élevé qu'il ait atteint. Il tombe à 7557
en 1867, à 5865 en 1870, à 4166 en 1875 et à 3658
en 1877.

A mesure que l'effectif des transportés diminue à la Guyane
il augmente à la Nouvelle-Calédonie. Un décret du 2 septembre 1863 a autorisé la création à la Nouvelle-Calédonie d'établissements pour l'exécution de la peine des travaux forcés.
Le premier convoi, composé de 250 condamnés aux travaux
forcés astreints à la résidence perpétuelle, partit de Toulon le
2 janvier 1864 et arriva le 9 mai à Nouméa. Au commencement de l'année 1867 on avait transporté, dans cette colonie,
un millier de condamnés aux travaux forcés. Un convoi de
500 transportés partit vers la fin de 1867 et il fut décidé
que désormais les Européens condamnés aux travaux forcés seraient envoyés à la Nouvelle-Calédonie. Depuis cette
époque la Guyane ne reçoit plus que les condamnés noirs, les
Arabes, et un petit nombre de transportés Européens choisis
parmi les ouvriers des différents états. A la date du 1er janvier 1871, 2883 condamnés aux travaux forcés avaient été transportés à la Nouvelle-Calédonie. Ce nombre est de 9487 hommes et 217 femmes, soit 9704 individus, à la date du 1er janvier 1878, sans tenir compte, bien entendu, des déportés

politiques. L'effectif moyen des transportés était à .a Nouvelle-
Calédonie de 247 individus en 1864, de 1554 en 1868, de
5120 en 1872, de 6235 en 1875 et de 7537 en 1877.

Dans le tableau ayant pour titre : *Mortalité générale de la
transportation à la Guyane et à la Nouvelle-Calédonie*,
(page 186), j'ai résumé des documents de plusieurs sortes.
La première partie, à gauche, donne la proportion annuelle
des décès pour 100 individus, sur les différents pénitenciers
et pour l'ensemble de la transportation à la Guyane, d'après
les documents officiels empruntés aux *Notices sur la transportation*. Je donne, à côté, la mortalité de la transportation pendant les treize premières années, d'après les rapports inédits
des médecins de la marine, rapports que j'ai trouvés dans les
archives du Conseil de santé à Cayenne. Ce tableau donne encore la mortalité générale de la transportation à la Nouvelle-
Calédonie, d'après les documents officiels.

A partir de l'année 1866 l'administration donne, séparément. les décès par maladies et les morts par accident. Ensuite,
dans une colonne intitulée : *Proportion de décès pour
100 individus*, elle ne nous donne, en réalité, que la *proportion des décès par maladies*. Cette manière de procéder est
excellente pour diminuer légèrement les fortes mortalités,
mais il faudrait expliquer ce que l'on entend par *mort acci-
dentelle*. Un transporté se noie, un autre est tué d'un coup de
revolver ou écrasé par la chute d'un arbre : ce sont là évidemment des morts par accident. Mais un condamné a la jambe
broyée. On l'ampute. Anémié, impaludé, il succombe. Un autre
a le pied ou un orteil écrasé ; il est enlevé par le tétanos, au
bout de quelques jours. Sont-ce là des morts par accident ou
des décès par maladie ? Dans deux colonnes spéciales j'ai cal-
culé la mortalité générale réelle pour la Guyane et la Nouvelle-
Calédonie d'après les documents officiels.

De 1852 à 1866 les statistiques officielles donnent le nombre annuel des décès dans une colonne intitulée *nombre de
décès*, mais ces nombres sont souvent un peu inférieurs aux
nombres donnés par les statistiques des médecins de la marine. Ainsi, pendant l'année 1852, l'administration mentionne
72 décès tandis que les médecins de la marine en relatent 79.
En 1853 il y a 519 décès d'après les documents officiels et
522 d'après les rapports des médecins, etc. Il est probable

que l'administration pénitentiaire n'a jamais fait entrer dans ses statistiques les exécutés, les suicidés, les individus tués en cherchant à s'évader, etc. Cependant, d'une manière générale, les documents puisés à ces deux sources, sans concorder exactement, diffèrent fort peu les uns des autres[1]. La différence des résultats provient surtout de la difficulté qu'il y a à obtenir des effectifs moyens identiques.

D'après les documents officiels, la moyenne de la mortalité générale annuelle, pour les 5 premières années de la transportation à la Guyane, a été de 16,62 p. 100, ce qui donne comme durée de la vie probable, d'après la formule développée plus haut, 3 ans 9 mois et 21 jours. Pour les 10 premières années (1852-62) cette moyenne est de 12,58 p. 100, ce qui donne comme durée de la vie probable 5 ans 6 mois et 28 jours. Enfin, pour la période 1852-1878, soit pour un ensemble de 26 années, la mortalité annuelle moyenne des transportés à été de 8,80 p. 100. La durée de la vie probable est de 7 ans 6 mois et 7 jours[2].

A la Nouvelle-Calédonie, depuis le début de la transportation (1864) jusqu'à l'année 1878, soit pour une période de 14 ans, la mortalité annuelle moyenne a été de 3,15 p. 100. La durée de la vie probable d'un transporté à la Nouvelle-Calédonie est de 21 ans 7 mois et 24 jours, c'est-à-dire près de trois fois plus qu'à la Guyane.

Avant de parler de la colonie pénitentiaire du Maroni nous devons passer en revue les autres points de la Guyane qui ont été occupés ou sont encore occupés par la transportation.

---

[1] Je dois faire remarquer que la mortalité à l'îlet la Mère en 1856 aurait été, d'après les documents officiels, de 3,4 p. 100 tandis que les médecins de la marine donnent 35,5 p. 100. Il y a évidemment une erreur typographique. On a voulu dire 34,0 p. 100. La fièvre jaune a régné en 1856 à l'îlet la Mère de même qu'à la Montagne-d'Argent où la mortalité a été de 62,3 p. 100 d'après les *Notices* et de 63,3 d'après les médecins de la marine.

[2] Tout condamné aux travaux forcés, transporté à la Guyane, doit séjourner 10 ans, au minimum, dans la colonie. Par conséquent, un transporté, quel que soit son âge, n'a pas une chance sur deux d'arriver au terme de sa peine, de manière à pouvoir quitter la Guyane. S'il y arrive, c'est qu'un de ses camarades moins heureux lui a laissé le bénéfice de la part d'années qu'il avait à vivre.

ILES-DU-SALUT ET DE RÉMIRE. — ÉTABLISSEMENTS DE KOUROU

Les Iles-du-Salut sont situées à la hauteur de la rivière de Kourou, à 7 milles en mer au nord de l'embouchure de cette rivière et à 27 milles au nord-nord-ouest de Cayenne. Ces îlots s'appelaient autrefois *Iles-du-Diable*. Lors de la fameuse expédition de Kourou, entreprise sous le ministère de M de Choiseuil en 1765, M. de Chanvalon y déposa une partie de ses colons, et, pour ne pas effrayer leur imagination, donna à ces îlots le nom rassurant d'Iles-du-Salut. Ces 3 îlots juxtaposés, d'origine volcanique, ne sont pas arides comme on pourrait le croire ; ils sont au contraire verdoyants, quoique un peu trop déboisés aujourd'hui, et d'un assez bel aspect.

L'île Royale, la plus grande des trois, a environ 1000 mètres de longueur sur 500 de largeur. Elle présente 2 plateaux, l'un à sa partie Est, l'autre à sa partie Ouest. Ce dernier a 45 mètres d'élévation au-dessus du niveau de la mer. C'est là que sont placées les baraques servant de logement aux transportés, l'église, l'hôpital de la Transportation et celui du Personnel libre, etc. La rade de l'île Royale sert de mouillage aux grands bâtiments auxquels leur tirant d'eau ne permet pas d'entrer à Cayenne. C'est le seul point de la Guyane où puisse mouiller une frégate. Les requins abondent dans ces parages et leur présence constitue une condition désavantageuse pour les évasions.

L'île Royale est situé par 5° 16′ 10″ de latitude nord et 54° 52′ 30″ de longitude ouest. C'est le premier point de la Guyane occupé par la transportation. Le 10 mai 1852 *l'Allier* avec 501 transportés, à peu près tous ouvriers de différents états, mouilla sur rade. Le 11 mai les transportés furent mis à terre pour tracer des routes sur l'île couverte dans toute son étendue de lianes et de cactus. Le 12, en présence de M. Sarda-Garriga, gouverneur de la Guyane, arrivé par *l'Allier*, le préfet apostolique célébra une messe solennelle sur le plateau de l'île Royale pour consacrer la fondation du nouvel établissement. Le 20 mai, tous les transportés quittèrent définitivement *l'Allier*. Ils furent logés dans des cases en bois apportées de Bordeaux par le navire de commerce *Indiana*. Ces baraques

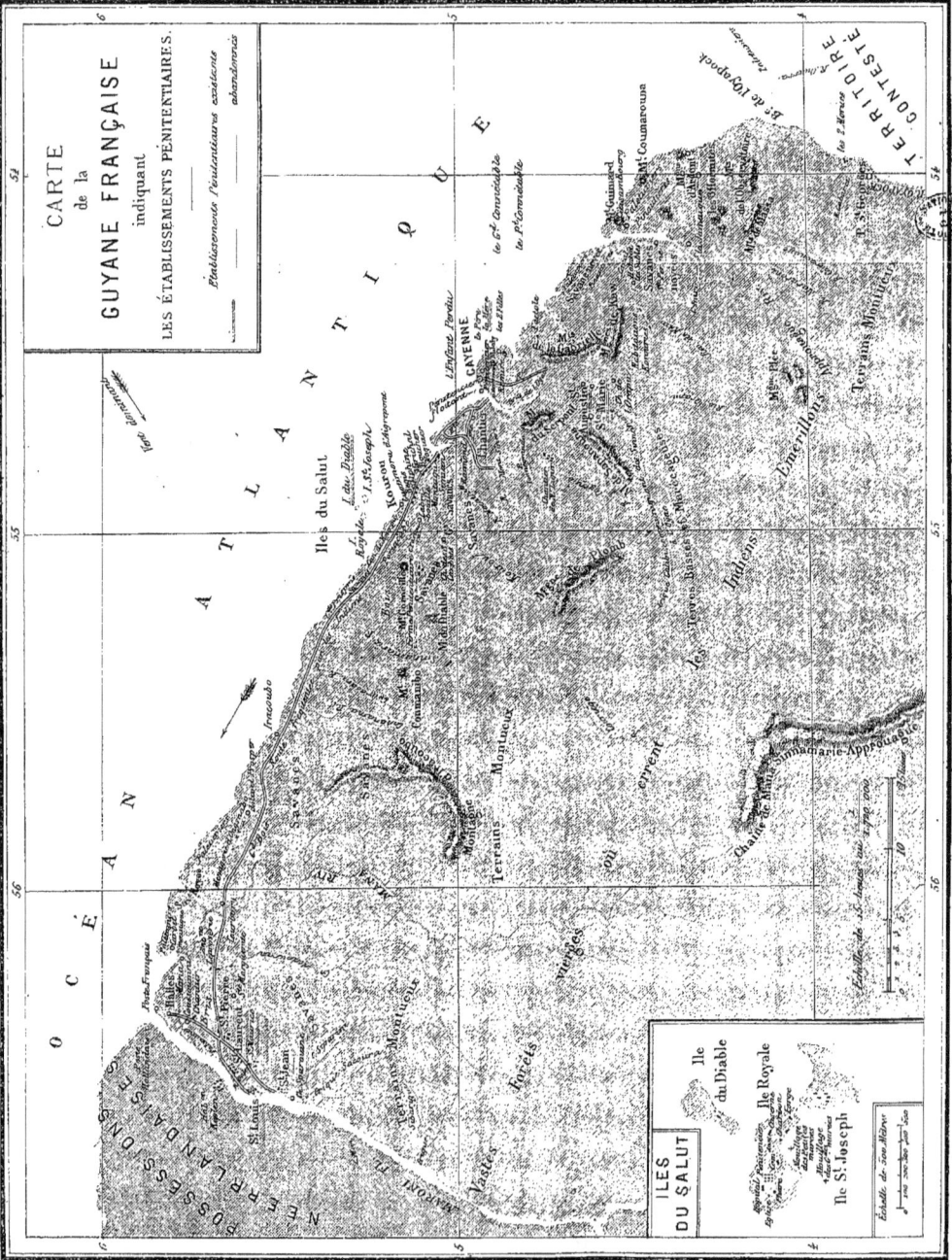

Mars 1883.

CARTE
de la
GUYANE FRANÇAISE
indiquant
LES ÉTABLISSEMENTS PÉNITENTIAIRES.

Etablissements pénitentiaires existants

abandonnés

O C É A N

A T L A N T I Q U E

Iles du Salut

NÉERLANDAISES

POSSESSIONS

CAYENNE

TERRITOIRE CONTESTÉ

ILES
DU SALUT

Ile
du Diable

Ile Royale

Ile St. Joseph

Gravé par A.Martin. 101 R.N.D. des Champs.

Imp. Robbe.Rue 49. A du Mans.

O. Doin, Éditeur.

construites provisoirement en 1852 existent encore à l'heure actuelle.

L'île Saint-Joseph et l'île du Diable, situées, la première à l'est et la seconde au nord-est de l'île Royale, sont un peu plus petites que cette dernière. Leur plateau est moins élevé. Ces trois îles ne sont séparées l'une de l'autre que par un chenal étroit et peu profond.

L'île Royale et l'île Saint-Joseph servirent de dépôt central aux premiers convois de transportés. L'île Saint-Joseph fut, dans le principe, affectée aux repris de justice qu'on envoya ensuite à l'ilet la Mère. L'île du Diable fut d'abord le dépôt des indociles et on y plaça ensuite les déportés politiques. L'île du Diable est aujourd'hui complètement abandonnée ; les cases sont en ruine ; les chemins sont envahis par la végétation ; l'île entière a repris l'aspect sauvage et désert qu'elle avait avant 1852.

L'île Saint-Joseph possède actuellement, tout au plus, une quarantaine de transportés occupés aux travaux de la tannerie et du four à chaux créés sur cette île par l'administration. On y a établi encore un asile pour les transportés aliénés.

L'île Royale possédait autrefois plusieurs ateliers où l'on confectionnait les chaussures, les habillements, les sabots, etc. Ces ateliers ont été transférés à Cayenne en 1871. L'île Royale n'est plus aujourd'hui qu'un dépôt provisoire pour les transportés arrivant de France. Elle est devenue, depuis l'abandon de l'ilet la Mère (1875), le point où l'on évacue des différents pénitenciers les convalescents, les infirmes, les vieillards, en un mot, toutes les non-valeurs. C'est là que les *vieux débris* du bagne viennent terminer leur carrière. Le vaste hôpital de l'île Royale, qui est plutôt un hospice, mériterait le nom d'*hôtel des invalides du bagne*. Sur un effectif de 7 à 800 transportés, c'est à peine si on compte une soixantaine d'hommes valides destinés à travailler au chargement et au déchargement des navires. Le parc à charbon de l'État est placé à l'île Royale.

La mortalité, aux Iles-du-Salut, a été de 15,6 p. 100 en 1853 (fièvre typhoïde et dysenterie), de 55,0 p. 100 en 1855 et de 17,0 p. 100 en 1856 (fièvre jaune). L'élévation de la mortalité dans ces dernières années s'explique facilement par la nature du personnel que l'on y évacue (cachectiques, infirmes, vieillards).

On appelle îles de Rémire un groupe d'îlots situés au nord
de la côte de l'île de Cayenne. L'île de Cayenne portait autre
fois le nom de quartier de Rémire. Ces îlets sont : l'*îlet le Père*,
l'*îlet la Mère*, les *Mamelles* (ou les *Filles*), le *Malingre* et
l'*Enfant Perdu*. L'îlet la Mère a été le seul occupé par la transportation ; cependant, en 1853, on avait commencé à aména
ger l'*îlet le Père*. On y plaça quelques transportés qui con
struisirent deux baraques et une jetée. En 1854 on parla de
cet îlet comme lieu de transportation pour les femmes. Peu
après l'*îlet le Père* fut rendu à sa destination de poste des
Pilotes.

L'occupation de l'*îlet la Mère* remonte au mois d'août 1852.
Cet îlet est situé à 8 kilomètres du continent vis-à-vis de
l'embouchure du Mahury. C'est une projection volcanique tail-
lée à pic vers le nord et présentant vers le sud un étroit plateau au bord de la mer. C'est de ce côté qu'ont été placées à
une hauteur moyenne de 12 mètres les constructions du pénitencier destiné d'abord aux déportés politiques puis aux repris de justice. Plus tard, l'îlet la Mère reçut des transportés de
la première catégorie ; enfin il devint le lieu de résidence des
vieux libérés, des convalescents, des infirmes, des invalides.
Ce pénitencier a été évacué au mois de septembre 1875, pour
être rendu au service local qui y a établi la station des Pilotes. L'îlet la Mère ressemble beaucoup à l'île Royale ; il a
1300 mètres dans sa plus grande longueur et 750 mètres dans
sa plus grande largeur.

Les plus fortes mortalités observées sur ce pénitencier cor-
respondent aux années 1855 (11 p. 100), 1856 (34 p. 100) et
sont dues à la fièvre jaune qui a décimé la transportation sur
tous les pénitenciers dans le cours de ces deux années. L'année 1859 présente aussi une mortalité de 14,6 p. 100.

La rivière de Kourou se jette dans la mer vis-à-vis des Iles-
du-Salut. Elle est profonde et sa navigation n'est entravée par
aucun obstacle ; ses rives sont couvertes d'arbres de haute futaie. Les établissements pénitentiaires fondés sur cette rivière
ne furent, dans le principe, que des dépendances des Iles-du-
Salut ; ils étaient placés sous la direction du commandant de
l'île Royale. Au commencement de l'année 1854, dans le lieu
dit des *Trois Carbets*, situé à 40 kilomètres de l'embouchure
de la rivière, on établit un chantier forestier avec une soixan-

taine de transportés. Au mois d'avril 1856 un pénitencier flottant fut établi vis-à-vis du bourg de Kourou à 2 kilomètres de
l'embouchure de la rivière, à bord du *Castor*. En 1857, sur
les roches situées à l'embouchure de la rivière de Kourou, on
fonda le pénitencier *des roches de Kourou*. Ces divers établissements avaient pour principale destination de fournir des bois
aux Iles-du-Salut et aux divers services de Cayenne. C'est dans
ce but que l'on établit à Kourou une scierie mécanique. Plus
tard, on fonda, à une certaine distance de l'embouchure de la
rivière, un établissement agricole appelé *ferme pénitentiaire
de Kourou*. On y essaya l'élevage du bétail et on y plaça même
un certain nombre de concessionnaires. Les établissements de
Kourou qui, en 1865, comptaient plus de 400 transportés n'en
ont aujourd'hui guère plus d'une quarantaine concentrés au
pénitencier des roches où l'on élève encore quelque bétail. Il
est actuellement question de supprimer définitivement ce pénitencier.

LA MONTAGNE-D'ARGENT ET SAINT-GEORGES DE L'OYAPOCK.

C'est le fleuve Oyapock, le plus important. Les fleuves de la
Guyane après le Maroni, qui attira le premier les regards de
l'administration et fut choisi pour la fondation des établissements pénitentiaires sur le continent. L'Oyapock forme, à l'est
et au sud-est, la limite de la Guyane française ; il la sépare du
vaste territoire qui s'étend jusqu'à l'Amazone et qu'on appelle
territoire contesté[1]. C'est vers la source de ce fleuve, dans les
montagnes Tumuc-Humac, que la légende avait placé la ville
merveilleuse et introuvable de l'*Eldorado*. Après un parcours
de 320 kilomètres l'Oyapock vient se jeter dans le fond d'une
baie de 16 kilomètres de largeur, laquelle reçoit également
les eaux de l'Ouassa du côté de l'est et de l'Ouanary du côté

---

[1] La possession de ce territoire presque aussi vaste que la Guyane française a été
revendiquée par la France d'une part, de l'autre par le Portugal et plus tard le
Brésil. Plusieurs générations de diplomates ont essayé à différentes reprises de
résoudre ce problème fort complexe, sans pouvoir y parvenir. L'origine du procès
remonte au traité d'Utrecht (1713). Ce vaste territoire dont la France a occupé
quelques parties, sous le premier empire et sous Louis-Philippe, est aujourd'hui un
pays neutre, sans loi, sans gouvernement, sans police, habité par des Peaux-
Rouges et quelques nègres.

de l'ouest. La pointe qui forme l'entrée de la baie à l'est, c'est-à-dire du côté du *territoire contesté*, s'appelle le cap d'Orange; du côté de l'ouest, l'entrée de cette baie est formée par une chaîne de montagnes qui s'élèvent dans un terrain plat et noyé et s'avancent vers la mer. On appelle ces montagnes ou plutôt ces collines : le petit et le grand *Coumarouma* et la *Montagne-d'Argent*. Cette dernière colline est élevée de 96 mètres au-dessus du niveau de la mer et forme un cap saillant dirigé vers le nord-ouest. Sa longueur est de 1450 mètres et sa largeur de 1190 mètres. A l'est, c'est-à-dire au vent, s'étendent des vastes marais dont le niveau est inférieur au niveau de la mer haute ; ils comprennent tout l'espace qui sépare la Montage-d'Argent de l'Oyapock distant d'une trentaine de kilomètres.

Il existait sur cette colline une habitation appartenant à M. Boudaud, où l'on cultivait le café. Terrains et bâtiments furent achetés par l'État au prix de 60 000 francs au mois de juillet 1852. Une cinquantaine de transportés européens, tous ouvriers charpentiers et maçons occupèrent les cases de l'habitation, bâtirent l'hôpital et préparèrent les logements dans lesquels quelques mois plus tard, vers la fin d'octobre 1852, 109 hommes furent établis.

En 1853, 206 transportés furent ajoutés aux 109 venus l'année précédente et l'effectif se trouva porté à 315. Dans le courant de l'année 1853 tous furent cruellement atteints par l'intoxication paludéenne. Au 31 décembre de cette année, sans autre cause léthifère que l'impaludisme, on comptait 105 décès sur un effectif de 315 hommes. C'est une proportion de 33,3 p. 100.

En 1854, 188 hommes furent envoyés dans l'établissement pour combler les vides et portèrent l'effectif à 398. Dans le courant de l'année il y eut 83 décès soit une proportion de 20,8 p. 100. Vers la fin de 1854 le pénitencier fut reconstruit sur un emplacement qu'on supposa moins insalubre. Cependant en 1855 les résultats furent les mêmes. Un effectif de 462 hommes fournit 94 décès. C'est une proportion de 20,3 p. 100.

En 1856, sur 308 transportés 195 succombèrent. C'est une proportion de 63,3 p. 100. Les documents officiels accusent 62,3 p. 100. La fièvre jaune était venue s'ajouter à l'intoxica-

tion tellurique. Elle envahit l'établissement, dans le courant
du deuxième semestre, et causa 156 décès Les 59 autres sont
dus aux maladies endémiques. « Il faut remarquer, dit
M. A. Saint-Pair, médecin en chef de la marine, en parlant de
cette épidémie, dans un de ses rapports, qu'au moins la moitié
de ceux qui ont été victimes de la fièvre jaune à la Montagne-
d'Argent en 1856 auraient succombé, en peu de temps, à l'empoisonnement maremmatique, en sorte que l'épidémie n'a
réellement joué qu'un rôle secondaire dans les pertes de cette
année. En général les épidémies n'augmentent pas autant
qu'on le croit la mortalité parmi les populations. Un caractère
leur est propre : c'est d'effacer les autres maladies, de frapper
les hommes prédisposés à une influence morbide et surtout
ceux qui sont déjà malades. C'est ce que l'on remarque à la
Guyane plus que partout ailleurs. Ici, l'endémie palustre débi-
lite toutes les constitutions et les livre, sans défense, aux coups
d'une épidémie qui éclate. »

La mortalité, à la Montagne-d'Argent, diminua à partir de
1857, cependant elle fut encore de 11,5 p. 100 en 1860. Ce
pénitencier fut évacué, en partie, au commencement de l'année 1865 et supprimé définitivement, par décision du 28 octobre 1867.

La Montagne-d'Argent a été occupée principalement par les
repris de justice. On se livrait, sur cet établissement, à la culture du café. Le café de la Montagne-d'Argent jouit à la Guyane
d'une grande réputation et il est réellement d'une qualité supérieure.

En 1853, un établissement pénitentiaire fut fondé sur la
rive gauche de l'Oyapock à 4 kilomètres au-dessus du confluent du Gabaret, à 40 kilomètres de l'embouchure du fleuve
et à 60 kilomètres de la Montagne-d'Argent. Les logements
furent bâtis sur un terrain qui domine de 3 mètres le niveau
du fleuve et se trouve environné, de tous côtés, par des marais.
Ce relief du sol est formé de sable mêlé d'argile. La propriété
transformé en pénitencier fut acheté par l'État à M. Mur. Cet
établissement reçut le nom de *Saint-Georges*.

Le 23 août 1853, un officier de troupes, un régisseur des
travaux, 2 gendarmes, un sapeur et un surveillant arrivèrent
avec 20 transportés qui s'établirent dans une case à nègres
abandonnée. Des bâtisses furent rapidement construites et pu-

rent recevoir 248 hommes. Du 23 avril 1853 au 1er mars 1854, c'est-à-dire en 10 mois et 7 jours, 101 transportés européens furent enlevés par la fièvre paludéenne. La plus grande partie de ceux qui survivaient, en proie à des fièvres rebelles et incapables de tout travail, furent évacués sur les Iles-du-Salut. En présence de cette effrayante mortalité on décida que des nègres condamnés, venus des Antilles, seraient seuls envoyés à Saint-Georges. Le personnel libre européen n'était pas plus épargné que le personnel transporté ; les fonctionnaires du pénitencier furent choisis de préférence parmi les hommes de couleur. Dans le courant de 1854 l'effectif du personnel transporté se composa de 185 individus qui tous, sauf 33, étaient de race africaine. Les 33 Européens succombèrent presque tous dans le courant de l'année. En 1855 et 1856, les nègres seuls restèrent sur l'établissement. Aussi la mortalité de ces deux années n'est-elle pas comparable à celle des années précédentes. De plus, Saint-Georges fut épargné par la fièvre jaune qui, en 1855 et 56, ravagea les autres pénitenciers.

En 1853 un effectif de 248 transportés européens a fourni à Saint-Georges 76 décès dans moins de 8 mois 1/2. C'est une proportion de 30,6 p. 100. La mortalité annuelle serait de 43,2 p. 100 et la durée de la vie probable, de 1 an 2 mois et 19 jours. En 1854 la proportion des décès tombe à 21,6 p. 100 (21,5 d'après les documents officiels). Encore faut-il remarquer que la plupart des 40 décès observés pendant cette année-là ont été fournis par les 33 Européens qui restaient de l'année précédente.

En 1855 et 56 l'effectif est exclusivement composé de nègres ; la mortalité tombe à 5,0 et 2,5 p. 100 soit une moyenne de 3,75 p. 100, ce qui donne à la vie probable de l'individu une durée de 18 ans 1 mois et 16 jours.

C'est là un exemple frappant de l'inégale aptitude des différentes races à vivre dans un milieu paludéen. Là où la vie probable de l'Européen est de 1 an 2 mois et 19 jours, la vie probable du nègre est de 18 ans 1 mois et 16 jours.

Saint-Georges fut occupé par des nègres jusqu'à sa suppression. Cependant, à partir de 1857 on y envoya quelques transportés européens qui furent employés seulement à des travaux légers. Bien que n'étant pas occupés à la culture et soustraits à l'action du soleil par la nature de leurs occupations ils y contractaient des fièvres intermittentes rebelles que l'on désignait sous le nom de *fièvres de l'Oyapock*. La mortalité fut assez faible, excepté pendant l'année 1858, où elle s'éleva jusqu'à 19,6 p. 100 (17,0 d'après les documents officiels). Pour expliquer cette forte proportion de décès les rapports médicaux font remarquer que parmi les 31 décès de cette année 4 ou 5 doivent être attribués à des accidents : 2 à l'asphyxie par submersion, 1 à l'empoisonnement par la racine de manioc, un autre aux suites d'une blessure faite par la flèche d'un Peau-Rouge. Les rapports signalent encore de nombreux décès par suite de coliques sèches et de dysenterie. Cette dernière maladie est attribuée à l'alimentation défectueuse des transportés nègres. Le pain et la viande fraîche n'entrent pas dans la composition de la ration des condamnés de cette race. Le fond de leur nourriture est le riz ou bien le *couac* et le *bacaliau* [1].

On se livrait sur cet établissement à la culture de la canne. L'administration y construisit une usine à sucre et une scierie à vapeur. On y essaya aussi la culture du cotonnier. Le pénitencier de Saint-Georges fut supprimé par décision du

---

[1] Le *Couac* est la farine de la racine de manioc râpée, pressée, boucanée, qu'on fait ensuite rissoler. Il se présente sous la forme de petits grumeaux inégaux de couleur jaunâtre. On appelle *bacaliau* une espèce de morue de qualité inférieure provenant de l'Amérique du Nord. Cette morue plus petite et plus mince que la morue ordinaire, est pêchée à la fin de la saison et ne subit qu'une préparation insuffisante : aussi s'altère-t-elle très rapidement. Le bacaliau est expédié exclusivement aux Antilles, aux Guyanes, au Brésil où il est consommé par les populations noires qui s'alimentent fort mal. Il est rare que le *bacaliau* au moment où il est consommé n'ait pas subi un commencement de putréfaction. Cet affreux produit ichthyomorphe se présente alors sous la forme d'une substance rougeâtre, dégageant une odeur infecte, un je ne sais quoi d'immonde et de répugnant qui n'a pas de nom dans la langue française puisqu'on a été obligé pour le désigner de recourir à la langue espagnole et portugaise (esp. bacalao; portug. bacalhão-morue, poisson salé). Faisons à ce propos une remarque philologique. Toutes les fois que les Français emploient un mot d'origine étrangère pour désigner un objet, qui a déjà un nom dans leur langue ils attachent à ce mot d'origine étrangère une idée d'infériorité et de mépris. Exemples : Case (italien *casa*, maison), savate (esp. *zapato*, soulier), échoppe (angl. *shop*, boutique), rosse (allemand *ross*, coursier).

À la Guyane le *bacaliau* et le *couac* constituent la principale nourriture sur les *placers*, dans les quartiers et même au chef-lieu. Il n'existe dans la ville de Cayenne que 4 boulangeries. Or, d'après des renseignements puisés à bonne source, abstraction faite des fournitures de la marine, des troupes et de l'administration pénitentiaire, ces boulangeries fournissent à la consommation publique 100 kilogs de pain au maximum. En admettant qu'un individu consomme, par jour, un minimum de 500 grammes de pain on trouve, sur 7 à 8 mille habitants qui vivent à Cayenne, 2000 individus au plus, c'est-à-dire le quart des habitants se nourrissant de pain.

14 mars 1865. Depuis l'année 1863, son effectif était inférieur
à 100 personnes.

ÉTABLISSEMENTS DE LA COMTÉ.

La rivière de la Comté, appelée autrefois rivière d'Oyac, est
un cours d'eau situé dans l'intérieur de la Guyane. A son confluent avec l'Orapu, la Comté prend le nom d'Oyac. Après un
parcours d'une dizaine de kilomètres l'Oyac reçoit les eaux de
la rivière du *Tour-de-l'Ile* et prend le nom de Mahury jusqu'à
son embouchure. Le Mahury à l'est et la rivière du *Tour-de-
l'Ile* au sud forment les limites de l'*Ile-de-Cayenne*.

En 1696 le comte de Gennes, chef d'escadre, vint s'établir
à Cayenne et obtint la concession de 100 pas de terrain sur
les deux bords de la rivière Oyac en allant vers l'Amazone.
Cette concession fut érigée en comté par lettres patentes datées de Versailles, juillet 1698. Depuis lors, la partie de la
rivière Oyac située au-dessus du confluent de l'Orapu fut
appelé la *rivière du Comté* et par une ellipse toute naturelle :
la Comté.

Les bateaux à vapeur, les canonnières et même les avisos
partant de Cayenne peuvent entrer dans la Comté en passant
soit par le Mahury soit par la rivière du Tour-de-l'Ile. Cette fa-
cilité, plus apparente que réelle, des communications avec le
chef-lieu semble avoir été la cause déterminante du choix de
la Comté pour la création d'établissements pénitentiaires, mais
la rivière dans son cours très sinueux offre des coudes brus-
ques ; elle est parsemée de plusieurs roches dangereuses et
n'est pas d'une navigation facile. Si l'on considère cette con-
trée au point de vue de l'hygiène on reconnaît bientôt qu'elle
est un des points les plus insalubres de la Guyane. En effet
sur la rive gauche sont des terrains bas que la rivière couvre
dans ses débordements. Sur la rive droite s'élève un massif
montueux dont les points culminants atteignent une hauteur
de 3 ou 400 mètres au-dessus du niveau de la mer. Ce relief
de terrain s'étend jusqu'à l'Orapu éloigné de 12 kilomètres en
ligne droite : il est sillonné de ravins dont les pentes affectent
généralement la direction du sud-est au nord-ouest formant
une barrière contre laquelle vient se briser le courant des

vents alizés qui ne peuvent avoir accès jusqu'au bord de la
rivière. Le pénitencier de Sainte-Marie fut établi sous le vent
et au pied de ces collines. L'atmosphère de ce lieu est sta-
gnante et saturée par les émanations des terres humides de
l'une et l'autre rive. Le sol est argileux et compact, imper-
méable à l'eau, aussi l'air est-il constamment saturé d'humidité. Les orages y sont fréquents et les pluies encore plus
abondantes qu'au bord de la mer. Toute la surface du sol est
couverte d'arbres de haute futaie. Dans le jour, la chaleur est
ardente et, la nuit, l'humidité fait naître la sensation d'une
fraîcheur incommode. Le matin, un brouillard épais enveloppe
toute la vallée et ne se dissipe que lorsque le soleil est depuis
3 ou 4 heures au-dessus de l'horizon.

Le premier établissement fondé sur la Comté fut appelé
Sainte-Marie dont le nom, disent les considérants de la décision
du gouverneur, *rappellera la haute protection sous laquelle
sont placés spécialement tous les établissements de la Comté.*
Le lieu sur lequel fut établi le pénitencier est un plateau
élevé de 14 mètres au-dessus du niveau de la mer. Il y avait
sur cet emplacement une ancienne habitation où l'on avait
cultivé la canne à sucre. Le peu de fertilité du sol, l'insalubrité du climat, les inondations de la Comté et surtout l'abolition de l'esclavage avaient amené la ruine du propriétaire
qui fut assez heureux pour vendre à l'État son habitation
abandonnée depuis plusieurs années. Lorsqu'on s'y établit, au
mois d'avril 1854, le sol était partout couvert d'arbres de haute
futaie et il ne restait plus de traces des bâtiments qui avaient
existé sur le plateau. Pendant trois mois, des ouvriers préparèrent les logements qui se composaient de cases séparées,
longues de 16 mètres, élevées sur des patins en brique à
1 mètre au-dessus du sol, dans chacune desquelles étaient
installés 50 transportés couchés dans des hamacs disposés sur
une double ligne.

Vers la fin de juillet, 69 libérés provenant de l'Ilet-la-Mère
arrivèrent à Sainte-Marie. Du mois de juillet au mois de décembre 1854, ces 69 libérés formèrent avec les transportés qui
avaient préparé les logements un total de 149 hommes. Ils
furent employés concurremment avec des nègres à abattre la
forêt. A la fin de décembre, 81 avaient été atteints de fièvre
et 6 avaient succombé.

En 1855, 459 transportés composèrent l'effectif, ils fourni-
rent 100 décès dont 26 étaient dus à la fièvre jaune et 74 à
l'intoxication paludéenne. Mais sur 51 malades, évacués de
Sainte-Marie sur Cayenne et les Iles-du-Salut, 54 succombèrent, ce qui éleva le total réel des décès de Sainte-Marie à
154. Si l'on déduit de ce nombre les 26 décès causés par la
fièvre jaune et si, d'autre part, on tient compte des 25 décès
par suite de fièvre paludéenne fournis par les 51 malades
évacués (les 9 autres décès n'ont pas été la suite de maladies
contractées à Sainte-Marie) on arrive au total de 99 décès dus
uniquement à l'empoisonnement tellurique. C'est une proportion de 22,5 p. 100.

En 1856 les transportés de Sainte-Marie furent occupés
comme en 1855 à construire des logements, à faire des abattis
et à tracer un chemin de Sainte-Marie au plateau Saint-Louis.
L'effectif du pénitencier se compose de 634 hommes parmi
lesquels 148 succombèrent, à savoir : 52 à la fièvre jaune et
116 à l'intoxication maremmatique. Encore faut-il remarquer
que la plupart des hommes qui furent enlevés par la fièvre
jaune en 1855 et 56 étaient atteints, à des degrés divers, de
fièvres intermittentes auxquelles ils auraient infailliblement
succombé. La mortalité à Sainte-Marie fut de 22,9 0/0 en
1877 et de 25,4 p. 100 en 1859.

Au mois de mai 1855, un nouvel établissement destiné à
recevoir les libérés fut créé à la Comté sous le nom de *Saint-
Augustin, attendu* disaient les considérants de la décision insérée au *Bulletin officiel de la Guyane, que cet établissement
est formé par des hommes ayant donné des garanties premières de leur repentir.* Saint-Augustin était situé à 4 kilomètres au-dessous de Sainte-Marie sur la rive droite de la Comté
et sur l'emplacement de l'ancienne habitation Power où l'on
cultivait autrefois la canne et le girofle. Les mêmes causes
qui avaient amené la ruine de l'habitation où fut fondé l'établissement de Sainte-Marie avaient depuis longtemps fait abandonner les cultures à Saint-Augustin. L'habitation fut achetée
aux héritiers Power. Les logements étaient construits au som-
met d'une colline élevée de 57 mètres au-dessus du niveau de
la rivière. L'année fut employée à bâtir des cases. Les premiers travaux furent exécutés par des transportés qui, le matin,
partaient de Sainte-Marie et y revenaient le soir. Quelques-uns

seulement habitèrent Saint-Augustin en 1855, Les malades furent traités à Sainte-Marie jusqu'au 1er janvier 1856, époque où fut ouvert l'hôpital de Saint-Augustin.

Le sol de cet établissement ne diffère pas de celui de Sainte-Marie ; ce sont des terres hautes entrecoupées de terres basses, foyers d'émanations fébrigènes. Saint-Augustin était plus qu'un pénitencier ; on avait commencé sur cet établissement l'œuvre de colonisation que l'on devait continuer plus tard au Maroni. Des terrains furent concédés aux transportés libérés et aux transportés en cours de peine les plus méritants. Chacun préparait le terrain qui lui était attribué. Il défrichait et devait se bâtir un logement. 3 ou 4 parvinrent à s'élever une case et à planter un petit jardin. Mais ce travail était à peine fini que la fièvre se déclara ; sous le choc des accès répétés leurs forces s'épuisèrent ; ils tombèrent dans cet état de décomposition du sang qui constitue la cachexie paludéenne. Dans l'espace d'un mois, du 15 août au 15 septembre 1855, 11 décès eurent lieu : 1 par suite de fièvre jaune et 10 par suite de fièvres pernicieuses à forme comateuse ou adynamique.

Voici de quelle manière M. le médecin en chef A Saint-Pair, dans son rapport du troisième trimestre 1855, résumait la situation de l'établissement de Saint-Augustin au mois d'octobre·

« Les libérés sont dans un véritable état de prostration. L'in-
« toxication paludéenne n'a épargné personne Si l'on veut
« soustraire ce personnel à une mort prochaine, il est indis-
« pensable d'en évacuer la plus grande partie sur un établis-
« sement insulaire. Déjà une quinzaine d'hommes atteints
« d'une hydropisie générale sont dans un état désespéré. Ceux
« qui ne sont pas encore arrivés à cette période y seront iné-
« vitablement conduits en peu de temps. Le personnel doit
« être constamment renouvelé ; ce n'est qu'à cette condition
« que les Européens peuvent résider à Saint-Augustin. Un sé-
« jour définitif y est impossible, je ne dis pas avec l'intégrité
« de la santé, mais avec la conservation de la vie. » D'après
ces indications, l'ordre fut donné d'évacuer les libérés fébrici-
tants sur les Iles-du-Salut. Toutes les concessions furent abandonnées par suite de l'incapacité de travail où se trouvait tout
le personnel. Les transportés qui survécurent furent évacués
de la Comté dans les premiers mois de l'année 1856. On vou-
lut nommer d'autres concessionnaires pour remplacer les pre-

iniers, mais libérés et forçats refusèrent les concessions qu'on leur offrait. Ils ne voulurent pas accepter de devenir propriétaires. Ils sentaient, dit M. A. Saint-Pair, leur impuissance à mettre en valeur le sol qu'on voulait leur donner.

En 1856, la destination de Saint-Augustin fut changée. Des transportés de la première catégorie vinrent occuper l'établissement qui se trouva ainsi converti en pénitencier, mais les résultats ne furent pas meilleurs au point de vue sanitaire. La fièvre jaune vint s'ajouter à l'empoisonnement maremmatique et près de la moitié de l'effectif succomba sous ce double fléau. Un effectif de 317 hommes fournit 140 décès dont 105 par suite de fièvre jaune et 35 par suite de maladies diverses. C'est une proportion de 44,1 p. 100.

Dans le second semestre de l'année 1856 un nouveau pénitencier fut établi, sous le nom de *Saint-Philippe*, sur l'ancienne habitation Fleury située à 800 mètres au-dessus de Sainte-Marie sur la rive droite de la Comté. Saint-Philippe n'était pas plus salubre que Sainte-Marie dont il n'était séparé que par une crique et un marais. Les logements étaient bâtis sur un relief de terrain, élevé de 14 mètres au-dessus du niveau de la mer, qui va en s'inclinant en pente douce jusqu'à 4 ou 5 mètres au-dessus du niveau de la rivière. Le sol adjacent composé d'une argile rouge et compacte était entièrement couvert de grands bois et privé de la propriété d'absorber l'eau. Ce pénitencier ne fut occupé que pendant le dernier trimestre de l'année 1856 et le premier trimestre de l'année 1857. Les transportés furent évacués sur Sainte-Marie.

Dans le Sud-Est de Sainte-Marie, à une distance de 8 kilomètres, il existe un massif montueux qui domine la Comté et sépare cette rivière de l'Orapou. Ce massif montueux présente un plateau, de 20 hectares de superficie, élevé de 370 mètres au-dessus du niveau de la mer. Des logements y furent établis dans le but spécial de recevoir les convalescents de la Comté. Eu égard à l'altitude de ce lieu on avait pensé que peut-être les miasmes des marais n'arriveraient pas à cette hauteur. Des transportés arrivant de France et n'ayant séjourné dans aucun autre pénitencier y furent envoyés et ne tardèrent pas à être atteints de fièvres intermittentes. Ce plateau est exposé à des pluies torrentielles, à une ventilation active et à une extrême humidité. Ces conditions climatériques y rendi-

rent la dysenterie très fréquente. Les fièvres intermittentes y
étaient un peu moins intenses et moins graves que sur les
bords de la Comté. Le plateau Saint-Louis fut occupé pendant
les trois derniers mois de l'année 1856. Il fut abandonné au
mois d'avril 1857.

Au mois de juin 1859 l'évacuation des pénitenciers de la
Comté fut demandée au ministère. En attendant la réponse on
commença à évacuer Saint-Augustin sur Sainte-Marie, afin de
concentrer les deux pénitenciers en un seul. Ce n'est qu'à la
fin de l'année que l'évacuation des deux pénitenciers fût accor-
dée et mise à exécution. Quoique évacué en décembre 1859,
l'établissement de Sainte-Marie ne fut supprimé définitivement
que par décision du 14 juin 1861.

PÉNITENCIERS DE CAYENNE. — AUTRES ÉTABLISSEMENTS ET CHANTIERS
FORESTIERS.

Dans le principe, l'île de Cayenne devait être fermée à la
transportation ; cependant dès 1853 quelques transportés furent conduits à Cayenne. On les logea à la Geôle et on les em-
ploya aux travaux du port. Au mois de février 1855 la gabarre
la Durance, à laquelle on donna le nom de *Gardien* fut amenée de Brest pour être convertie en ponton et servir au logement des transportés dans la rade de Cayenne. Ce fut le premier *pénitencier flottant*. Au *Gardien* on adjoignit plus tard
la Proserpine, *le Cacique*, *la Chimère*, *le Grondeur* et *la
Truite*.

Exposée aux brises de la mer, la ville de Cayenne est, de
beaucoup, le point continental le plus salubre de la Guyane ;
aussi, la transportation n'y a-t-elle jamais donné ces propor-
tions énormes de décès qu'elle a fournies dans les autres pénitenciers. Cependant en 1855 et 56 la fièvre jaune y fit monter
la mortalité à 20,9 et 22,8 p. 100.

Si par la nature de leurs travaux les transportés à Cayenne
échappaient en partie aux principaux dangers du climat, leur
installation sur les pénitenciers flottants laissait beaucoup à dé-
sirer au point de vue de l'hygiène. On se décida, après bien
des hésitations, à construire dans la banlieue de Cayenne, à
l'est de la ville, une vaste caserne désignée sous le nom de
pénitencier à terre dans laquelle les transportés commencè-

rent à s'installer en 1869. Un seul pénitencier flottant, *la Truite* reste aujourd'hui en rade avec une soixantaine d'hommes occupés spécialement aux travaux du port.

En 1871 les ateliers des Iles-du-Salut furent transférés à Cayenne dans un local situé au sud de la ville sur les bords du canal *Laussat.*

A partir de 1855, un certain nombre de transportés furent mis hors pénitenciers au service des particuliers et des administrations locales (hôpital, artillerie, services civils, ponts et chaussées, etc.). Les hommes placés dans cette situation sont pour la plupart des libérés astreints à la résidence (4ᵉ 1ʳᵉ). Bien que plusieurs d'entre eux s'engagent chez des particuliers pour être employés aux travaux pénibles des *placers*, leur mortalité a été, en général, inférieure à la mortalité du pénitencier de Cayenne, excepté pour l'année 1863 où, je ne sais pour quelle cause, elle est montée à 10,2 p. 100.

Au mois de mai 1856, des dépôts d'internement destinés spécialement aux libérés furent établis dans l'île de Cayenne, à quelques kilomètres du chef-lieu, dans les habitations domaniales de *Bourda, Baduel* et *Montjoly.* On y employait les transportés à la culture pour le compte de l'administration. Les libérés quittèrent les habitations domaniales vers la fin de l'année 1865 et furent envoyés au Maroni.

Parmi les autres points de la Guyane occupés par la transportation il faut citer les établissements de *Passoura, Iracoubo* et *Organabo*, aujourd'hui abandonnés, où l'on essaya avec plus ou moins de succès l'élève du bétail.

Les *Hattes de la Pointe Française* à l'embouchure du Maroni, sur la rive droite du fleuve, sont une dépendance de Saint-Laurent-du-Maroni. On y créa un établissement agricole qu'on abandonna en 1868. On le reprit en 1870 pour en faire une *ménagerie*[1]. Les Hattes font partie de la colonie pénitentiaire du Maroni, on y élève quelques bœufs et quelques moutons. C'est une plage basse, marécageuse, où pullulent les moustiques.

L'administration pénitentiaire a créé plusieurs chantiers forestiers dans l'intérieur de la Guyane. Parmi les plus importants, indépendamment du chantier des *Trois Carbets* situé

---

[1] A la Guyane on appelle *Ménagerie* ou *Hattes* les établissements destinés à l'élevage du bétail.

dans le haut de la rivière Kourou et dont j'ai déjà parlé, je citerai le chantier de l'*Orapu* qui fournit des bois à la scierie à vapeur établie à Cayenne à l'embouchure du canal Laussat. Je dois citer encore le *Nouveau-Chantier* sur une des criques du Maroni, au-dessous de Saint-Laurent, qui fournit des bois à la scierie à vapeur de ce dernier établissement, enfin les chantiers de *Sparhouïne* et les chantiers de la *Crique Serpent* créés en 1865 et abandonnés depuis 1868.

Les chantiers forestiers du Haut-Maroni, ou chantiers de *Sparhouïne* et de la crique *Serpent*, constituent l'une des entreprises les plus désastreuses de l'administration pénitentiaire à la Guyane. Les documents officiels accusent une mortalité de 22,3 p. 100 en 1866 et de 22,9 p. 100 en 1867, mais on ne tient aucun compte des nombreux malades que l'on évacuait et qui allaient mourir ailleurs. Les maladies dominantes étaient les diarrhées, les dysenteries, les fièvres et l'anémie. « Les maladies de Sparhouïne, dit un médecin du Maroni, présentent un caractère de haute gravité. La cachexie, les diarrhées chroniques, les ulcères, atteignent très souvent les hommes d'une manière irrémédiable. Le seul moyen curatif, sans lequel les autres n'ont aucune efficacité, consiste dans l'évacuation. » Voici un passage du rapport du médecin en chef, le docteur Kérangal, résumant les principaux faits de l'année 1866 : « De tous les chantiers, Sparhouïne est celui qui a le plus souffert et qui souffre encore le plus aujourd'hui. La dernière lettre qui me parvient de ce pénitencier m'annonce des pertes considérables. Lorsque nous l'avons visité, au mois d'octobre 1866, il n'y avait pas encore un an qu'il était créé et, sur les 850 transportés qui y étaient passés depuis sa fondation (novembre 1865) et qui n'y étaient arrivés que successivement, 100 étaient morts, 119 avaient disparu (évadés ou morts dans les grands bois), 75 avaient été évacués sur l'établissement des convalescents à l'Ilêt-la-Mère, 132 existaient aux hôpitaux de Saint-Louis et de Saint-Laurent, 52 étaient à l'infirmerie du Chantier et 83 étaient aux travaux légers. Nous avons ramené à Saint-Louis le jour de notre départ 41 malades. Par conséquent, il ne restait plus pour le chantier de Sparhouïne et de la Crique Serpent que 270 hommes, et ces 270 hommes, censés valides, étaient pour la plupart profondément anémiés. Pouvait-il en être autrement ? Quel serait l'Européen, soumis à de rudes travaux, n'ayant qu'une nourriture insuffisante ; couchant souvent avec des vêtements mouillés et livré pendant son sommeil aux intempéries de l'atmosphère, qui pourrait résister? Ces hommes contractent rapidement des fièvres intermittentes rebelles, ou la dysenterie, ou la colique sèche, ou des bronchites interminables, le tout conduisant à un état anémique très grave. » Il faut citer encore les lignes suivantes du même médecin extraites du rapport pour le premier trimestre 1867 : « La mortalité à la Guyane française est réellement effrayante!... Elle est très considérable pour les chantiers où elle va toujours s'élevant de plus en plus, surtout à Sparhouïne. Sur les 208 hommes envoyés en octobre et novembre 1866, à la date du 15 février 1867 il ne restait plus que 53 hommes valides : 28 étaient morts, 45 étaient à l'hôpital, 40 étaient évadés, 51 restaient à l'infirmerie, 16 aux travaux légers et 14 exempts de service, plus 1 libéré. Ce chantier donne une idée exacte de ce que deviennent les Européens nouvellement débarqués et jetés au milieu des grands bois de la Guyane avec le peu de ressources hygiéniques qui s'y trouvent. »

A l'heure actuelle, les points de la Guyane occupés par la transportation, sans parler de quelques chantiers ou établissements peu importants, sont : Cayenne, les Iles-du-Salut et Kourou, enfin le Maroni dont il nous reste à parler.

COLONIE PÉNITENTIAIRE DU MARONI.

Le *Maroni* (Marowyne) est le plus grand fleuve de la Guyane française dont il constitue la limite à l'ouest en le séparant de la Guyane hollandaise. A 160 kilomètres de son embouchure, le Maroni est formé par le confluent de l'Awa et du Tapanahoui qui prennent tous les deux leur source dans les montagnes Tumuc-Humac. L'entrée du Maroni est par 5°56' de latitude N. et 56°50' de longitude O. Comme tous les autres fleuves de la Guyane, il n'est navigable que dans une certaine étendue de son parcours à cause de ses nombreux *sauts* ou *rapides*. Les avisos à vapeur ne peuvent remonter au delà de la crique Sparhouïne, après l'île *Portal* (40 kilom. de l'embouchure). A partir du *saut Hermina* (95 kilom. de l'embouchure), les pirogues seules

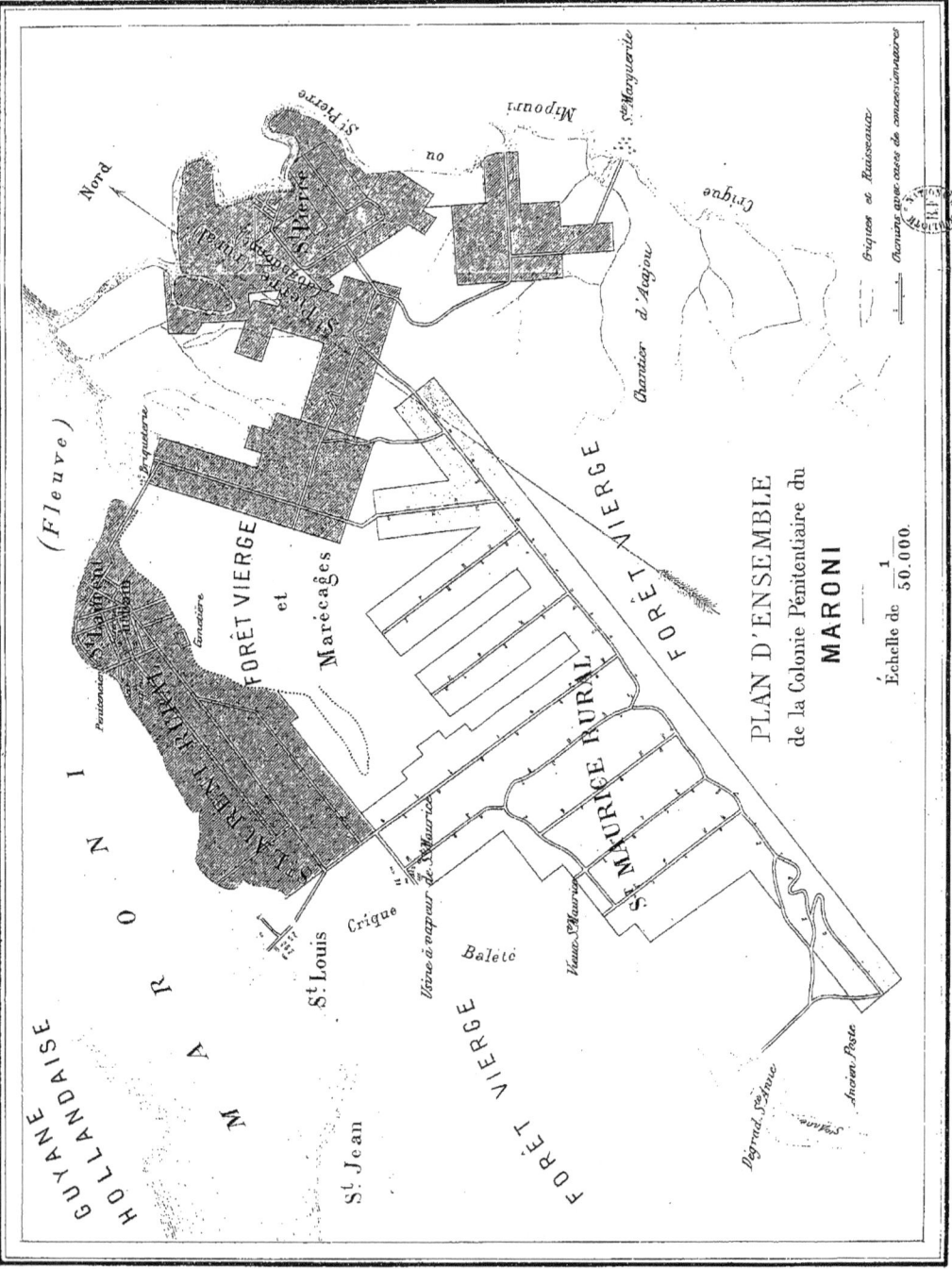

PLAN D'ENSEMBLE
de la Colonie Pénitentiaire du
MARONI

Échelle de $\frac{1}{50.000}$.

O. Doin, Éditeur.

Gravé par A. Martin, rot R. N. D. des Champs.

Imp. Kaeckler, 69 r. du Maine.

Guyane et Ruisseaux

Chemins avec cases de concessionnaires

GUYANE
HOLLANDAISE

Nord

(Fleuve)

M A R O N I

FORÊT VIERGE

St Jean

St Louis

Crique

Baletc

St Laurent

Pénitencier St Laurent Rural

Fanetière

FORÊT VIERGE
et
Marécages

St Pierre

St Pierre

Rrquterie

Chantier d'Acajou

St Marguerite

Mipouri

no

Crique

S. MAURICE RURAL

FORÊT VIERGE

Voie à vapeur de S. Maurice

Vieux St Maurice

Degrad Cayenne

Savane

Ancien Poste

FORÊT VIERGE

peuvent le parcourir. La distance du saut Hermina à l'embon-
chure du Maroni, c'est-à-dire la partie navigable, constitue à
peu près le huitième du parcours total du fleuve.

Dans sa partie navigable le Maroni est un grand et beau
fleuve. En face de Saint-Laurent il a environ 2000 mètres de
largeur. Il reçoit plusieurs affluents ou *criques* dont les plus
importantes sont la *Crique aux vaches*, la crique *Maïpouri*, la
crique *Balété* et les criques *Serpent*, *Sparhouïne*, *Sacoura* et
Hermina. Jusqu'à Sparhouïne ses rives sont basses, uniformes,
formées uniquement de terres d'alluvion. Dans le haut-fleuve
l'aspect du pays change; les rives sont plus élevées et moins
monotones, en remontant le fleuve on rencontre de nombreux
îlots dont un, l'îlot Portal, est habité et cultivé. Le cours du
Maroni est calme; les effets de la marée se font sentir jusqu'au saut Hermina.

Le Maroni est formé par le confluent de deux cours d'eau : à
droite, le Tapanahoui qui s'enfonce dans l'intérieur de la
Guyane hollandaise dans la direction du sud-sud-ouest ; à gauche, l'Awa qui se dirige du côté du sud-est. L'Awa est le plus
important de ces deux cours d'eau ; sa largeur est de 500 mètres à son confluent avec le Tapanahoui. L'Awa reçoit de nombreuses criques dont une, la crique Araoua, communique
avec l'Oyapock par l'Onaqui et le Camopi.

Les bords de l'Awa et du Tapanahoui sont habités par une
population noire assez nombreuse qui descend des esclaves
marrons évadés, au siècle dernier, de la colonie hollandaise de
Suriman. Les nègres *Bosch* (nègres des bois), au nombre de
deux ou trois mille ont formé plusieurs villages sur le Tapanahoui ; les nègres *Bonis*[1], au nombre d'un millier, au plus,
vivent sur les rives de l'Awa. En 1861, une Commission franco-
hollandaise, composée de quatre membres de chaque nationalité[2], remonta le Maroni dans un but d'exploration scientifique
et pour fixer les limites des deux Guyanes. Les *Bosch* furent
placés sous le protectorat hollandais et les *Bonis* sous le protectorat français. Le *Grand-Man* Adam, *roi* des Bonis, reçut

---

[1] Ces nègres ont pris le nom du chef de leur bande, un certain Boni, regardé
aujourd'hui par eux comme un héros de légende.

[2] Voir la relation de ce voyage faite par M. Vidal, lieutenant de vaisseau, mem-
bre de la Commission. *Revue maritime et coloniale*, numéros de juillet et
d'août 1862.

une pension de 1200 francs par an. Elle est payée aujourd'hui
à son successeur, le Grand-Man Anato, qui vient, plusieurs fois
par an, en toucher le montant, à Saint-Laurent.

C'est sur la rive droite du Maroni, à 24 kilomètres environ
de son embouchure, à la hauteur de l'endroit appelé *Pointe-
Bonaparte*, que fut établi, au mois d'août 1857, le centre de la
colonie pénitentiaire.

Peu s'en fallut que le Maroni ne fut choisi en 1852, dès le
début de la transportation ; on aurait ainsi évité les essais malheureux de l'Oyapock et de la Comté. A l'époque où M. Sarda-
Garriga cherchait, sur le continent, un emplacement favorable
à la création d'une colonie pénitentiaire, M. Mélinon, alors
commissaire-commandant du quartier de Mana, lui proposa le
Maroni sur les bords duquel il avait fait plusieurs excursions,
M. Sarda-Garriga fit un voyage dans le Maroni et acquiesça à
la proposition de M. Mélinon. Il fut décidé que ce dernier,
muni d'un crédit de 2,500 francs, engagerait 40 nègres à
Mana, se rendrait à la Pointe-Bonaparte, y ferait un abattis et
y construirait des carbets. On attaqua la forêt vierge; il n'y
avait à cet endroit qu'un carbet de Peaux-Rouges, situé à peu
près sur l'emplacement actuel du logement de l'État-major. A
la fin de 1852 le crédit de 2,500 francs était dépensé et les
carbets étaient dresssés, prêts à recevoir 300 personnes. Sur
ces entrefaites, M. Sarda-Garriga fut remplacé (février 1853)
et aucun transporté ne fut envoyé au Maroni. Sous l'administration du contre-amiral Fourichon et du contre-amiral
Bonard on se porta définitivement à l'Oyapock et à la Comté.

En 1857, en présence des résultats déplorables que donnèrent les premiers pénitenciers, M. Mélinon proposa de nouveau au contre-amiral Baudin, alors gouverneur de la Guyane,
la création d'un établissement sur le Maroni. Une décision du
gouverneur, en date du 22 août 1857, insérée au *Bulletin
officiel de la Guyane*, dispose qu'un essai de colonisation
sera tenté sur les bords du Maroni à la hauteur de la Pointe-
Bonaparte. M. Mélinon qui en fut chargé resta pendant près de
24 ans (jusqu'au commencement de l'année 1881) à la tête de
l'établissement qu'il avait créé. Le 23 août 1857, 10 transportés provenant de Baduel, 6 Kroumen et 3 personnes libres
partirent pour le Maroni avec M. Mélinon. Les travaux furent
commencés à l'endroit même où avaient été faits les premiers

abattis en 1852. Le sol est formé de sable alluvionnaire recouvert d'une couche de terre végétale.

Le 2 septembre on envoya 15 soldats et 4 gendarmes. Les convois de transportés se succédèrent à peu d'intervalle et furent composés d'individus pris à l'îlet la Mère, aux Iles-du-Salut, à Sainte-Marie, à Cayenne et à la Montagne d'Argent. Au 31 décembre 1857, l'effectif total du personnel du Maroni se composait de 173 individus, à savoir : 145 transportés et 28 personnes libres. L'état sanitaire était assez satisfaisant surtout pour des hommes dont la santé avait déjà subi des atteintes plus ou moins graves dans d'autres pénitenciers. Il n'y avait pas eu de décès; il est vrai qu'on n'avait pas encore remué le sol; on s'était borné à attaquer la forêt vierge à l'aide de la hache et du feu.

Par décision du 10 février 1858, insérée au *Bulletin officiel de la Guyane*, le nouvel établissement reçut le nom de *Saint-Laurent*.

Les documents officiels ne commencent pour le Maroni qu'à l'année 1860, mais les rapports des médecins de la marine nous fournissent des renseignements sur les années 1858 et 59. En 1858 un effectif moyen de 282 transportés a donné 356 entrées à l'hôpital et 20 décès. C'est une proportion de 7,0 pour 100. En 1859 un effectif moyen de 522 transportés a fourni 1065 entrées à l'hôpital et 132 décès. C'est une proportion de 25,2 pour 100. D'après les documents officiels, la proportion des décès en 1861 fut de 13,6 pour 100 à Saint-Laurent et de 16,8 à Saint-Louis, mais la mortalité baissa considérablement à partir de 1861 [1]. « Dès la fin de 1858, il devint évident que c'était là surtout (au Maroni) que la colo-

---

[1] Pour tirer une conclusion juste d'une statistique il faut connaître exactement de quelle manière ont été obtenus les éléments qu'on y fait entrer. En prenant les chiffres *au râteau*, suivant la pittoresque expression de M. Bertillon, on peut prouver tout ce que l'on veut avec des statistiques.

Au Maroni, on voulait démontrer que l'établissement est très salubre, *tellement salubre que la mortalité y varie de 1 à 2 p. 100*. C'était un parti pris. Aussi, que faisait-on ? On envoyait les malades en convalescence à l'îlet la Mère et aux Iles-du-Salut, c'est-à-dire qu'on envoyait les cachectiques, les tuberculeux, etc. mourir ailleurs. Les pénitenciers insulaires sont incontestablement moins insalubres que les établissements du continent ; cependant, on peut remarquer que la mortalité aux Iles-du-Salut, sans l'intervention d'aucune influence anormale, monte à 13,5 p. 100 en 1861 et à 11,2 p. 100 en 1862, juste au moment où la mortalité du Maroni descend à 1,6 et à 2,2 p. 100.

nisation pénitentiaire pouvait rencontrer des chances de succès. La localité est tellement salubre que la mortalité y varie de 1 à 2 pour 100[1]. » Cependant la mortalité du Maroni a dépassé souvent 2 pour 100. Elle a été de 7 pour 100 en 1867, de 12.2 pour 100 en 1874, de 11,6 pour 100 en 1876, etc.

Dès le mois de février 1858, on commence à donner des concessions de terrain aux transportés. A mesure que des nouveaux abattis sont faits et que le terrain défriché s'étend, on crée de nouveaux centres d'exploitation. *Saint-Louis* est fondé par décision du 1er mai 1859, à 3 kilomètres en amont de Saint-Laurent, à l'embouchure et sur la rive gauche de la crique Balété. *Saint-Pierre*, village réservé spécialement aux libérés est créé (décision du 11 novembre 1861) sur la crique Maïpouri à 4 kilomètres de Saint-Laurent. Viennent ensuite *Saint-Anne* (décision du 1er juillet 1863) sur la rive gauche de la crique Balété. *Saint-Jean* (décision du 12 novembre 1863), village de libérés sur la rive droite du Maroni, en amont de Saint-Laurent et de Saint-Louis. Le territoire pénitentiaire s'étend encore par l'essai de fondation d'un autre centre, Sainte-Marguerite, sur la crique Maïpouri en amont de Saint-Pierre.

En même temps que l'on remonte le Maroni, ainsi que les criques Maïpouri et Balété, on pousse les abattis dans la forêt vierge, on trace des routes et l'on forme ainsi la circonscription rurale de Saint-Maurice. L'exploitation des bois abattus à Saint-Pierre, à Sainte-Marguerite, à Saint-Louis et à Sainte-Anne, ayant donné de bons résultats, des nouveaux chantiers forestiers furent fondés en dehors des centres agricoles. C'est ainsi que l'on créa, au mois de septembre 1865, 2 chantiers sur la crique Serpent, à 15 kilomètres de Saint-Laurent, un troisième chantier à la crique Sparhouïne (novembre 1865) à 5 kilomètres plus haut, et plus tard le *Nouvau-Chantier* sur la *Crique-aux-Vaches* en aval de Saint-Laurent. Parmi les dépendances du Maroni il faut citer aussi les Hattes de la Pointe-Française, à l'embouchure du fleuve, dont il a déjà été question.

Le plan de l'administration était de parsemer de centres agricoles peu éloignés les uns des autres toute la rive droite du Maroni. La colonisation rayonnant, peu à peu, de ces points

[1] *Notice sur les colonies françaises* publiée par les soins de M. le comte de Chasseloup-Laubat, ministre de la marine et des colonies. — Paris, 1865.

devait les réunir entre eux et faire du vaste territoire compris
entre le Maroni et la Mana une région cultivée, peuplée et
prospère, un pays nouveau, la *Guyane de la transportation*.
Un décret, en date du 30 mai 1860 stipule « *que la partie
du territoire de la Guyane française bornée, à l'ouest, par le
Maroni, à l'est, par une ligne imaginaire du nord au sud et
partageant, en deux portions égales dans sa longueur, la surface qui se trouve comprise entre les rivières du Maroni et
de la Mana, est exclusivement réservée pour les besoins de la
transportation.*

On ne mit pas longtemps à s'apercevoir que l'on avait trop
présumé des forces de la transportation, et que l'idée dont on
poursuivait la réalisation était irréalisable avec des travailleurs
blancs. On vit surgir des obstacles auxquels on n'avait pas
songé ou, du moins, dont on n'avait pas suffisamment tenu
compte. Un décret du 2 septembre 1863, autorisa la transportation en Nouvelle-Calédonie et à partir de 1867 les forçats
européens ne furent plus envoyés à la Guyane. Les effectifs
diminuèrent d'année en année; il en fut de même des concessionnaires. La colonie du Maroni qui avait disséminé ses forces
fut obligée de les concentrer. Au lieu de prendre de l'extension
on dut se replier et revenir en arrière. Sainte-Marguerite, Sainte-
Anne, Saint-Jean et Saint-Pierre furent successivement abandonnés. Aujourd'hui les concessions n'occupent plus que Saint-
Laurent, Saint-Maurice, et une partie de Saint-Louis.

Pour atteindre le but que l'on se proposait, plusieurs systè-
mes pouvaient être employés. On pouvait obliger les transportés en cours de peine à travailler à la culture pour le compte
de l'Etat. Les libérés auraient été employés moyennant un
salaire déterminé. L'Etat aurait fait l'office d'une compagnie
ayant pour objectif la culture du sol avec les bras de la transportation. Il est inutile de faire ressortir l'insuffisance d'un
système qui supprime le principal mobile du travail humain,
l'intérêt personnel. On pouvait encore mêler les transportés
aux colons libres, attirer ces derniers par toute sorte de moyens,
leur permettre d'engager des condamnés en cours de peine,
comme ils engageraient, en France, des ouvriers ordinaires. Une
fois libérés; les transportés rentrent dans le droit commun.
C'est le système de *l'assignement* appliqué par les Anglais au
Maryland et en Australie. Ce système hardi n'est guère en har-

monie avec le caractère français. A la Guyane, on sépare la colonie libre de la colonie pénitentiaire. Défense aux colons libres de se mêler aux transportés qui devaient être dirigés uniquement par l'administration. Celle-ci se chargea de leur donner des concessions, de les marier, de les guider dans leurs cultures, de leur venir en aide, d'une manière fort onéreuse pour le budget, et de les maintenir constamment sous sa tutelle. Ce n'est pas ici le lieu de faire un parallèle entre le mode de colonisation pénitentiaire des Anglais et le nôtre.

Si les règlements sur le régime des concessionnaires sont nombreux, les décisions et les arrêtés touchant la composition de la ration des transportés ne le sont pas moins. Je dois dire cependant en quoi consistait la ration allouée pendant 2 ou 3 ans aux concessionnaires.

Pendant la traversée de France à la Guyane, les condamnés recevaient, sur les transports, la ration des prisonniers de guerre. Quelques jours après l'arrivée du premier convoi aux Iles-du-Salut, une décision en date du 22 mai 1852, appliqua aux transportés le régime alimentaire des soldats de la garnison. Voici les considérants de cette décision : « Considérant que pour entrer, comme elle le doit, dans les intentions du Prince-Président et contribuer à la réalisation de sa haute pensée, l'administration locale doit apporter dans les conditions d'existence des transportés tout le bien-être qui est compatible avec leur position et que commandent d'ailleurs les nécessités hygiéniques d'un climat et d'un sol nouveaux. — Considérant que d'après ce qu'indiquent l'expérience et l'état de santé satisfaisant des soldats à la Guyane, le régime alimentaire des différents corps de troupes qui y sont détachés peut être pris pour règle de celui qu'il convient d'appliquer aux transportés dans l'intérêt de leur santé ». En conséquence de ces considérations on donnait aux transportés 250 grammes de viande fraîche 5 fois par semaine, 50 centilitres de vin, 25 millilitres de tafia pour acidulage, etc. C'est-à-dire une ration supérieure à celle que l'Etat donne actuellement à ses soldats et à ses matelots[1].

Une décision du 25 février 1853 réduisit de 5 fois à 4 fois par semaine la délivrance de viande fraîche qui fut ramené à 3 fois, un peu plus tard, par décision du 31 mars 1853. La

[1] Ils n'ont de la viande fraîche que 4 fois par semaine.

ration de 50 centilitres de vin fut réduite à 25 centilitres, par décision du 28 mars 1854. Une autre décision en date du 31 mai 1855, régla la ration des transportés noirs. Les hommes de cette race reçurent du couac à la place du pain, du tafia à la place du vin. La viande fraîche n'entre pas dans leur ration qui se compose exclusivement de lard salé et de poisson frais ou salé.

On reconnut aussi la nécessité de faire un régime particulier pour l'Arabe. Un retard survenu dans l'approvisionnement de vin, comme cela se présente fréquemment à la Guyane, ayant obligé l'administration à remplacer le vin par 6 centilitres de tafia, on s'aperçut que ce dernier liquide n'était pas dans le goût des Arabes. Une décision en date du 4 juin 1856, *attendu que le tafia est de la part des Arabes l'objet d'un trafic contraire au bon ordre et à la discipline*, dispose que le tafia sera remplacé dans leur ration par 100 grammes de couac. La décision du 24 février 1873 opéra une révolution dans le régime alimentaire des Arabes. Le vin fut remplacé par du café, le lard par la conserve de bœuf ou le poisson salé. Ils reçurent même de l'huile à la place du saindoux et eurent ainsi la cuisine à l'huile au lieu de la cuisine à la graisse.

A partir de 1863 (décision du 25 juin), la viande fraîche ne fût plus délivrée aux transportés que 2 fois par semaine, le jeudi et le dimanche. Je ne fais que citer les décisions du 12 février 1869 qui n'apportent que quelques modifications de détail. La décision du 22 juillet 1874 remplaça pour les Annamites et les Indiens les 750 grammes de couac par 750 grammes de riz. Enfin, à partir du 1er janvier 1874 (décision du 22 octobre 1873) les transportés n'eurent plus de la viande fraîche qu'une fois par semaine, le dimanche. La ration de viande fraîche du jeudi fut remplacée par une ration de bœuf ou conserve.

Le tableau suivant [1] donne la quotité et la nature de la ration journalière actuellement en usage :

---

[1] Ce tableau est emprunté aux *Instructions pour le corps militaire des surveillants* publiées par le Ministre de la marine et des colonies. — Paris, Imprimerie nationale. 1881.

RATION JOURNALIÈRE DE VIVRES

TRANSPORTÉS.

RACE EUROPÉENNE (EUROPÉENS ET ARABES).

Pain	0^k750	Lundi	Morue	0^k250
Farine à 25 %	0.612	et	Vinaigre	0^l03
ou couac	0.750	Vendredi	Huile.	0^k010
ou biscuit.	0.550		pour les Européens.	
Viande fraîche [1]	0.250			
Lard salé [2]	0.180	Et lundi, mercredi, vendredi et samedi		
Conserves de bœuf	0.200	pour les Arabes.		
Légumes secs [3]	0.120			
Riz.	0.070	Café. . . . . . . 0^k017		
Saindoux	0.010	Sucre 0.017	Arabes.	
Sel.	0.022			
Vin rouge.	0^l25			

RACE NOIRE (TRANSPORTÉS AUTRES QUE LES EUROPÉENS ET LES ARABES).

Couac.	0^k750
ou pain [4]	0.750
Tafia	0^l06
Poisson frais.	1^k000
ou poisson salé.	0.500
Lard salé [5].	0.200

ASSAISONNEMENT POUR LES POISSONS.

Huile d'olives	0^k006
ou saindoux	0.010

La viande fraîche est délivrée une fois par semaine, le dimanche ; le poisson salé, deux fois : le lundi et le vendredi ; le lard salé, deux fois : le mardi et le jeudi ; la conserve de bœuf, deux fois également : le mercredi et le samedi. Les Arabes reçoivent du bacaliau ou du bœuf en conserves à la place du lard. Ils ont aussi du café à la place du vin et de l'huile au lieu de saindoux. Les noirs n'ont ni pain ni viande fraîche. Leur nourriture, peu variée, consiste en couac (ou riz

[1] Remplacé par conserves de viandes.
[2] Remplacé par poisson frais : 1 kilogramme ou 500 grammes de poisson salé.
[3] Les légumes secs et le riz peuvent être remplacés par du poisson frais ou des légumes verts, à raison de 500 grammes l'un.
[4] Dans le cas où le couac manquerait.
[5] Si le poisson frais ou salé manquait.

pour les Annamites et les Indiens), lard salé, poisson frais (très rarement) et poisson salé (bacaliau).

Le transporté, une fois installé dans sa concession, resta constamment sous la tutelle de l'administration qui se chargea de l'encourager, de l'aider, de le marier et de le diriger dans ses cultures. Ces dernières donnèrent lieu à plusieurs essais. Indépendamment de la culture des légumes, des fruits du pays et des productions destinées à la consommation sur place, il fallait songer à la culture des produits d'exportation. On essaya le cotonnier qui ne réussit pas et fut abandonné. En 1863, on planta 100 000 plants de caféiers, qui donnèrent d'abord des espérances et échouèrent ensuite complètement. Le sol de la colonie pénitentiaire, et, en général, le sol de toute la partie occupée de la Guyane, est une bande de terre alluvionnaire constituée par une couche plus ou moins profonde d'*humus* reposant sur une couche argileuse ou sablonneuse. Le territoire de la colonie pénitentiaire, surtout dans la circonscription rurale de Saint-Laurent, ne possède qu'une couche légère de terre végétale ; ce n'est qu'à force d'engrais que les concession-naires parviennent actuellement à faire produire ce sol assez ingrat. La culture du café n'ayant pas réussi, on se tourna du côté de la canne à sucre. Si l'on fait abstraction d'une petite quantité de manioc, de quelques volailles vendues au chef-lieu ou dans les placers du Haut-Maroni, on peut dire que le seul produit d'exportation de la colonie pénitentiaire est la canne à sucre. L'usine construite par l'État, à Saint-Maurice, transforme la canne en sucre et en tafia. Et encore je puis ajouter qu'une grande partie de ce produit est consommée sur place.

Le but de l'administration étant la colonisation de la Guyane par la transportation, il était tout naturel de songer, de bonne heure, à envoyer des femmes dans la colonie pour donner des citoyens libres au pays et multiplier les bras nécessaires à la colonisation. Dans une dépêche ministérielle datée du 8 avril 1852, où l'on peut voir quelles illusions on nourrissait à cette époque touchant l'avenir de la transportation à la Guyane, M. le ministre disait au gouverneur : « Je vais me mettre en communication avec MM. les ministres de l'intérieur et de la sûreté générale pour préparer l'envoi ultérieur à la colonie pé-nale, en exécution des articles 5 et 8 du décret du 27 mars dernier, de femmes aujourd'hui détenues dans les maisons centrales par suite de condamnations aux travaux forcés, et de libérés des deux sexes qui demandent à recevoir la même destination. » Les résultats malheureux donnés par les établissements de l'Oyapock et de la Comté, la fièvre jaune qui régna à la Guyane pendant les années 1855 et 1856, retardèrent l'exécution de cette mesure. Du reste, on ne pouvait songer aux mariages avant l'installation complète des concessionnaires. Le premier convoi, composé de 36 femmes, arriva au Maroni dans le courant du premier trimestre 1859, et le premier mariage n'eut lieu qu'à la fin de cette même année.

L'article 4 de la loi du 30 mai 1854 donne au gouvernement le droit de transporter les femmes condamnées aux travaux forcés, mais cet article de la loi n'a jamais été appliqué. Toutes les femmes transportées à la Guyane ou à la Nouvelle-Calédonie sont parties sur leur demande. La plupart d'entre elles sont condamnées aux travaux forcés ; on en trouve cependant quelques-unes qui ne sont condamnées qu'à la réclusion ou même qu'à la prison.

C'est généralement par des bâtiments de commerce qu'ont été dirigés sur la Guyane les convois de femmes transportées. A leur arrivée au Maroni, elles sont internées dans une maison spéciale, sous la surveillance des Sœurs de *Saint-Joseph de Cluny*. L'administration se charge de leur trouver des maris. Elles sont conduites à la promenade plusieurs fois par semaine, et le transporté concessionnaire, en quête d'une compagne, peut ainsi faire choix de celle à laquelle il désire unir son sort. Son choix arrêté, il va faire sa demande au commandant du pénitencier, et, s'il est agréé par la femme, ce qui arrive presque toujours, le mariage a lieu sans retard ; les femmes, avant de partir de France, se sont munies des pièces nécessaires pour contracter mariage, et le concessionnaire, de son côté, s'est mis à même de faire face aux exigences de la loi sur ce point. Du reste, un décret spécial, en date du 24 mars 1866, a aplani une partie des difficultés qui pouvaient surgir à cet effet, en accordant aux conjoints certaines dispenses. Aux termes de ce décret, les transportés ne sont pas soumis aux obligations imposées par les articles 151, 152 et 153 du Code civil. Ils sont dispensés de l'obligation des six mois de résidence dans la colonie, de la signification des actes respectueux et des publications en France. Ils ont en outre la faculté de remplacer les actes de l'état civil, soit par un certificat de l'autorité judiciaire, soit par un acte de notoriété.

L'administration accorde aux nouveaux mariés, divers avantages, entr'autres un trousseau qui est délivré gratuitement à la femme célibataire. Dans le cas où la femme devient veuve, l'administration, suivant qu'elle le juge à propos et suivant la position de la femme, la laisse à la tête de la concession ou la fait rentrer à la maison de surveillance.

En s'imposant tous ces sacrifices pour l'installation des ménages concessionnaires, l'État avait surtout en vue l'intérêt des enfants qui devaient naître de ces unions et constituer l'avenir de la colonie pénitentiaire. L'administration a toujours entouré ces enfants de sa bienveillante sollicitude. A différentes reprises, le gouverneur, ainsi que le préfet apostolique, se sont rendus au Maroni pour assister aux mariages des concessionnaires ou au baptême de leurs enfants, et, par leur présence à ces cérémonies, témoigner l'intérêt sympathique qu'ils portaient au développement de la nouvelle colonie. Plusieurs officiers des différents corps servant sur les pénitenciers, se sont offerts pour être parrains des jeunes créoles du Maroni. Bien plus, l'État a élevé et entretenu ces enfants à ses frais, comme jadis, à Sparte, la République se chargeait de l'éducation et de l'entretien des enfants dont les pères étaient morts pour la patrie.

La première naissance date du mois d'avril 1861, et sept enfants virent le jour dans le courant de cette année. Une crèche fut instituée et confiée aux soins des Sœurs de Saint-Joseph de Cluny. Les enfants en bas-âge furent reçus dans cet asile. Une décision du gouverneur, en date du 17 février 1864, autorise le commandant du Maroni à accorder, dans les limites et pour le temps qu'il jugera convenable, la ration entière ou la demi-ration aux enfants en bas-âge des concessionnaires. La règle suivie depuis cette époque a été la concession de la demi-ration à tous les enfants, depuis l'âge de deux ans jusqu'à six ans, et de la ration entière pendant tout le temps qu'ils fréquentent l'école, c'est-à-dire jusqu'à seize ans en moyenne.

Cependant les enfants grandissaient; les aînés avaient six ans; l'administration, par décision locale du 14 décembre 1867, institua, à partir du 1er janvier 1868, une école primaire pour les garçons et une pour les filles. La congrégation des Frères

de Ploërmel fut chargée de l'enseignement à l'école des garçons, et les Sœurs de Saint-Joseph de Cluny à l'école des filles.
Aux termes de la décision, le régime de ces écoles est l'inter-
nat gratuit; les enfants sont logés, habillés, nourris, soignés
aux frais de l'Etat.

L'école des garçons fut dirigée par les Frères de Ploërmel
jusqu'en 1875. Au mois d'avril de cette année, le supérieur
général de la congrégation, ayant fait des difficultés pour envoyer de nouveaux frères, à cause de l'état sanitaire du Maroni,
on nomma un instituteur laïque qui arriva au Maroni quelque
temps après, et mourut de fièvre bilieuse à la fin de l'année
1876. Un surveillant marié fut chargé provisoirement de
l'école des garçons dont la direction fut confiée, peu après, aux
Sœurs qui dirigeaient l'école de filles. Actuellement le Sœurs
de Saint-Joseph de Cluny sont chargées des deux écoles.

Pour les maladies peu graves, qui peuvent être traitées facilement à domicile, tous les concessionnaires ont droit aux
soins médicaux gratuits et à la délivrance gratuite des médicaments. On avait institué, en 1866, un emploi de médecin
des concessions; cet emploi était occupé par un médecin de
2ᵉ classe de la marine, qui résidait à Saint-Laurent, et se ren-
dait dans les différents centres pour visiter les concessionnaires
et leur donner des soins. Depuis plusieurs années, on a
supprimé cet emploi spécial, mais on a créé un dispensaire
dans le village de Saint-Laurent. Un médecin de la marine,
après son service à l'hôpital, donne des consultations gratuites.
Les médicaments portés sur l'ordonnance sont délivrés gratuitement à la pharmacie de l'hôpital. Le même médecin se rend,
chaque semaine, une fois à Saint-Louis et deux fois à Saint-
Maurice.

L'État ayant voulu isoler la transportation et la diriger seul,
a été obligé, pour donner quelque vie à cette société nouvelle,
de faire lui-même ce qu'aurait fait, dans d'autres conditions,
l'initiative privée. Les concessionnaires ayant converti leurs
abattis en planches et en charbon, mais ne trouvant aucun
débouché pour l'écoulement de ces produits, l'État s'est fait
acquéreur de leur bois et de leur charbon. En revanche, l'État
leur a vendu des objets d'habillement, des vivres, de la farine,
du guano, etc., etc. La cession de tous ces objets, faite aux
transportés par les magasins de l'État contre remboursement,

est autorisée par de nombreuses décisions locales. Lorsqu'on
s'est mis à cultiver la canne à sucre, l'Etat a été obligé d'a-
cheter les produits pour son compte, de les manipuler, en un
mot, de se faire industriel et usinier. Une fort belle usine à vapeur a été construite en 1868, à Saint-Maurice, au centre des
plantations. Un railway, système Decauville, installé depuis
peu de temps, s'avance dans l'intérieur de la circonscription
de Saint-Maurice et assure le transport des cannes à l'usine.
Un régisseur, qui est en même temps commandant du pénitencier, de Saint-Maurice, est à la tête de cette exploitation
industrielle.

Le fonctionnement général de la colonie pénitentiaire est
actuellement réglé par le décret du 16 mars 1880 sur l'organisation de la commune du Maroni.

Saint-Laurent du Maroni, le centre, le chef-lieu de la colonie pénitentiaire, le nouveau Sydney, la future capitale de la
Guyane de la transportation [1], comme on disait il y a vingt ans, a
peut-être laissé à ceux qui l'ont vu il y a une quinzaine d'années une impression agréable. Ce devait être, à cette époque,
une agglomération de cases propres et coquettes, relativement
aux autres bourgs de la Guyane. Aujourd'hui Saint-Laurent
n'est qu'un village d'aspect passablement misérable. La plupart des cases n'ont jamais été réparées et sont dans un état de
délabrement pénible à voir. L'église, qui est construite entièrement en planches, comme toutes les autres cases, et
qui n'a jamais été achevée, est sur le point de tomber en
ruines. Lorsqu'on arrive au débarcadère et qu'on se tourne
du côté du sud, on a devant soi plusieurs corps de bâtiments
isolés, ce sont : l'*État-major*, bâtiment d'un assez bel aspect,
servant de logement aux officiers, les magasins des subsistances,
l'école des enfants, les logements des divers chefs de service
et le juge de paix, le logement et les bureaux du commandant
supérieur, l'hôpital, la maison de surveillance des femmes.
Plus loin, en allant du côté du sud, on trouve le village de
Saint-Laurent, ayant, au sud-est, le cimetière, à l'ouest, la ca-

---

[1] « Saint-Laurent, le pénitencier agricole, la capitale, le chef-lieu futur de la
Guyane de la transportation, le bureau d'une société régénérée par le travail, se
présente à l'œil sous un jour des plus avantageux. On sent qu'il y a là tous les
éléments d'une grande ville », *Frédéric Bouyer, capitaine de frégate. La Guyane
française*. Notes et souvenirs d'un voyage exécuté en 1862-63, avec illustrations.
— Paris, Hachette, 1867. Page 163.

serne de la troupe et le logement des surveillants militaires,
les différents chantiers, le pénitencier où sont internés les
transportés en cours de peine ; au sud-ouest, la scierie à vapeur
sur les bords du fleuve, etc.

Les rues de Saint-Laurent sont larges, coupées à angle droit
et bordées de cases en planches ; ces cases sont au nombre
d'une centaine, au moins, et bon nombre d'entre elles sont
séparées les unes des autres par des terrains vagues ; quelques-unes sont en ruines et abandonnées. Deux routes, dont
l'une se bifurque bientôt, se dirigeant vers le sud-ouest, conduisent à Saint-Maurice et à Saint-Louis ; une troisième route,
à l'est, passe devant la *Briqueterie* et va du côté de Saint-
Pierre. D'autres routes partant de Saint-Maurice, ou coupant
les trois premières, conduisent sur les concessions rurales et
dans l'intérieur des plantations. Les cases des concessionnaires
ruraux sont échelonnées sur les deux côtés de ces diverses
routes. On n'a pas jugé à propos d'agglomérer les habitations
rurales ; on a préféré faire construire chaque case au milieu de
la concession dont elle dépend. Comme chaque concession
rurale se compose d'un terrain de 200 mètres de longueur
dans le sens de la route, sur 100 mètres de largeur, on trouve,
dans les endroits où le terrain est entièrement cultivé, une
case tous les 100 mètres, alternativement à droite et à gauche
de la route.

Les Peaux-Rouges, qui habitaient autrefois sur la rive française du Maroni, ont émigré sur la rive hollandaise, depuis la
fondation de l'établissement pénitentiaire. Traversant le fleuve
dans leurs pirogues, ils viennent à Saint-Laurent vendre le
produit de leur pêche et de leur chasse. qui contribue, dans
une certaine mesure, à l'alimentation du personnel libre de
l'établissement. Avant de retourner dans leurs *carbets*, ils se
procurent, au village, le seul produit de la civilisation qu'ils
aient adopté : l'eau-de-vie. Le chef-lieu de la colonie pénitentiaire est aussi visité par les nègres Bosh et les nègres Bonis,
qui descendent du Haut-Maroni et viennent faire leurs achats
chez les marchands de Saint-Laurent, ou à la factorerie, qu'un
Wurtembergeois, M. Kepler, a établie sur la rive hollandaise,
un peu en amont de Saint-Laurent. J'ai déjà dit que les Bonis
sont sous le protectorat de la France, qui fait une pension à
leur Grand-Man. L'administration, dans le but d'attirer ces

populations à Saint-Laurent, a fait construire, sur les bords du
Maroni, un hangar à leur usage, où une dépêche ministérielle
prescrit de les héberger sans aucune formalité.

La totalité des terrains défrichés par la transportation, au
Maroni, peut être évaluée à près de 3000 hectares. Une grande
partie est actuellement abandonnée depuis plus ou moins longtemps. La forêt vierge qui enserre la colonie envahit peu à peu
le terrain qu'on lui a enlevé. Voici approximativement la superficie totale des terrains défrichés dans les différents centres,
avec la quantité d'hectares encore en culture actuellement.

Centres.	Superficie approximative des terrains défrichés.	Superficie approximative des terrains cultivés actuellement.
Saint-Laurent.	585 hectares.	275 hectares.
Saint-Maurice.	1.125 —	830 —
Saint-Louis.	150 —	110 —
Saint-Pierre	427 —	16 —
Saint-Jean	» —	» —
Sainte-Anne.	» —	» —
Sainte-Marguerite	» —	» —

Le nombre des concessionnaires a varié suivant les époques.
A la fin de l'année 1868, il y avait au Maroni 974 concessionnaires et 124 enfants; à la fin de l'année 1869, il y avait
1005 concessionnaires et 151 enfants; à la fin de l'année 1870,
le nombre des concessionnaires était tombé à 917 et 209 d'entre
eux étaient mariés. Ces 209 ménages comptaient ensemble
162 enfants.

A la date du 31 décembre 1876, le nombre des concessionnaires est réduit à 581, et il n'y a plus dans la colonie que
120 femmes mariées. Les 581 concessionnaires se divisent en
240 appartenant à la 1re catégorie (condamnés aux travaux
forcés en cours de peine), 125 à la 4e catégorie 1re section et
16 à la 4e catégorie 2e section. A la date du 1er janvier 1878,
il y avait au Maroni 412 concessionnaires, à savoir : 171 à
Saint-Laurent, 250 à Saint-Maurice, 9 à Saint-Pierre et 2 à
Saint-Jean. Ces 412 concessionnaires se divisaient en 339 concessionnaires ruraux et 73 concessionnaires urbains; ces derniers étaient tous Européens, sauf un, appartenant à la race
nègre. La division des 412 concessionnaires donnait, au point
de vue de la race : 203 Européens, 127 Arabes, 12 Nègres,
16 Indiens, 3 Annamites et 7 Chinois. Il y avait en outre

124 femmes se décomposant ainsi, au point de vue de la race :
98 Européennes, 2 femmes arabes, 21 femmes de race africaine et 3 de race indienne.

Enfin, voici la situation de la colonie pénitentiaire à la fin
de l'année 1881. Les chiffres qui suivent m'ont été fournis au
Maroni.

Le nombre des concessionnaires est de 421, ainsi répartis :
316 concessionnaires ruraux et 105 concessionnaires urbains.
Il y en a 109 qui habitent la circonscription de Saint-Laurent,
265 celle de Saint-Maurice, 38 celle de Saint-Louis ; 8 sont
encore à Saint-Pierre et 1 à Saint-Jean. Les concessionnaires
définitifs constituent à peine le quart du nombre total ; les
autres ne sont que des concessionnaires provisoires. La division
par races donne : 181 Européens, 170 Arabes et 70 noirs.
Nous savons que sous la dénomination de noirs on comprend
les nègres, les Indiens, les Annamites et les Chinois. Les
femmes sont au nombre de 126 ; dans ce nombre sont com-
prises : 13 veuves restées à la tête de leur concession. Il y a,
par conséquent, 113 ménages dont les deux tiers sont des ménages ruraux ; l'autre tiers habite Saint-Laurent urbain.

Depuis la fin de l'année 1859 jusqu'au 1er janvier 1882, plus
de 400 ménages ont vécu et travaillé au Maroni. Nous savons
de quelle manière ont été formés ces ménages concessionnaires.
Presque tous ont pour origine les mariages contractés à Saint-
Laurent ; cependant quelques-uns ont été constitués par l'arrivée
des femmes libres, venues de France pour rejoindre leur mari
transporté. Les ménages de cette espèce sont peu nombreux ;
c'est à peine si on pourrait en compter une douzaine. Je ne
les ai pas fait entrer dans l'étude que je vais aborder, à cause
de l'insuffisance des renseignements à leur sujet.

Quelques enfants légitimes ou illégitimes, nés en France,
ont été emmenés au Maroni par leur mère. Je laisserai également de côté ces enfants, qui sont en petit nombre. La
deuxième partie de ce travail s'occupe exclusivement des mariages contractés au Maroni et des enfants nés de ces mariages.

Nous allons passer maintenant à l'étude précise, rigoureuse,
et, je le répète, presque mathématique, des principaux phénomènes physiologiques et sociaux présentés par ce groupe
spécial d'adultes et d'enfants. Nous allons procéder à l'analyse

des actes fonctionnels de cet organisme collectif qui s'appelle la *population de la colonie pénitentiaire du Maroni.*

DEUXIÈME PARTIE

DÉMOGRAPHIE [1]

1° MARIAGES. — MORTALITÉ DES CONJOINTS.

I. *Nombre des mariages suivant les années.* — Le premier mariage entre homme et femme condamnés a eu lieu à Saint-Laurent le 23 octobre 1859 et au premier janvier 1882, 418 unions avaient été contractées par le personnel transporté devant l'officier de l'état civil du Maroni. Les 418 maris sont tous, sauf un, des condamnés en cours de peine ou libérés. L'homme faisant exception est un ancien soldat d'infanterie de marine, le nommé Hippolyte L...., qui après avoir été en garnison au Maroni est revenu de France à la Guyane en 1877 pour épouser la fille d'un transporté. Il a obtenu une concession et s'est établi, comme colon, au milieu de la population pénale.

Quant aux femmes, la plupart sont des transportées, mais il y a parmi elles un certain nombre de femmes libres mariées à des condamnés. Quelques-unes, mariées en France avant la condamnation de leur mari, sont venues le rejoindre à la Guyane et devenues veuves se sont remariées au Maroni avec des transportés concessionnaires. D'autres sont des filles de transportés; cinq d'entre elles sont nées au Maroni; les quelques autres sont venues de France, soit seules, soit avec leur mère, rejoindre leur père concessionnaire. Enfin, il y a encore quelques femmes libres de race noire et une femme peau-rouge, originaires de la Guyane qui se sont décidées à devenir les compagnes des colons du Maroni [2].

---

[1] Le manuscrit de cette partie du travail de M. Orgéas, contient des tableaux et des tracés graphiques. A notre grand regret, leur nombre et leur complexité ne nous ont pas permis de les insérer.   (*La Rédaction*).

[2] Le nom d'Indiens donné aux peuples autochtones de l'Amérique et qu'on fait synonyme de Peaux-Rouges, aurait dû disparaître depuis longtemps de même que la dénomination d'Indes appliquée au continent et aux îles de l'Amérique. On sait que cette appellation est basée sur une erreur géographique qui a duré peu

Ces 418 mariages contractés par la population pénale dans l'espace de 23 ans sont inégalement répartis suivant les années, un seul mariage a été contracté en 1859, il y en a eu 18 en 1860, 28 en 1862, 36 en 1865, 41 en 1868, 29 en 1877, etc. Le maximum de la matrimonialité correspond à l'année 1866 qui a vu célébrer 53 unions nuptiales.

La cause de l'inégale répartition des mariages suivant les années est toute naturelle. Les convois de femmes dirigés sur la Guyane n'avaient rien de régulier dans leur expédition. Les mariages augmentent ou diminuent suivant les années en raison du nombre de femmes envoyées à la colonie pénale.

Il faut remarquer encore que les 418 mariages n'ont pas été contractés par 836 conjoints différents. Nous verrons bientôt qu'un certain nombre d'hommes et de femmes se sont mariés deux ou plusieurs fois, ce qui réduit dans une certaine proportion le nombre des membres de la colonie pénitentiaire.

II. *Race des conjoints.* — Le principal élément ethnique de la colonie pénitentiaire du Maroni est l'élément européen, mais à côté de lui il y a une certaine quantité d'éléments étrangers. Dans les pénitenciers de la Guyane presque toutes les races humaines sont représentées. Indépendamment des Européens de toute nationalité, Français, Italiens, Espagnols, Belges, Allemands, Anglais, Slaves, on y trouve encore des Arabes, des nègres, des Hindous, des Chinois et des Annamites. Le même mélange de races existe aussi quoique à un faible degré chez les concessionnaires mariés comme on peut le voir par le tableau suivant :

de temps. Le nom d'Indiens appliqué indifféremment à deux races tout à fait distinctes amène forcément une confusion dans le langage lorsque ces deux races se trouvent en présence. C'est pourquoi je n'appliquerai l'appellation d'Indiens qu'aux Coolies venus de l'Hindoustan. Quant aux Indiens d'Amérique je les désignerai toujours par le nom de Peaux-Rouges qui rappelle un caractère anthropologique apparent comme celui de *Blanc* ou de *Nègre*, et mériterait d'être adopté comme appellation scientifique générale. On peut donner aussi aux Peaux-Rouges de la Guyane le nom de Galibis. Cette appellation que ces peuplades se donnent à elles-mêmes depuis les Amazones jusqu'au Centre-Amérique est la même que Caraïbes ou Caribes (de Humboldt se demande pourquoi les Français et les Allemands écrivent Caraïbes) par le changement du *c* en *g* et de *r* en *l* et une modification légère de la syllabe finale. (Voir de Humboldt, *loc. cit.*) — « Il y a en outre dans la Guyane Française une vingtaine de tribus indiennes que l'on distingue des Galibis quoique par leur langue elles prouvent avoir une origine commune avec eux. » (De Humboldt, *loc. cit.*, t. IX, page 25).

RACE DES ÉPOUX EN FONCTION DE LA RACE DES ÉPOUSES

HOMMES	MARIÉS AVEC FEMMES					TOTAUX
	EUROPÉENNES	NOIRES	ARABES	INDIENNES	PEAU-ROUGE	
Européens . .	367	4	»	»	1	372
Nègres. . . .	1	19	»	3	»	23
Arabes. . . .	3	»	13	»	»	16
Indiens. . . .	»	1	»	5	»	6
Chinois. . . .	»	1	»	»	»	1
Totaux. .	371	25	13	8	1	418

Ainsi sur les 418 époux, 372 étaient Européens, 23 de race nègre[1], 16 étaient Arabes, 6 Indiens et 1 Chinois. Quant aux épouses 371 étaient Européennes, 25 étaient de race noire, 8 étaient Indiennes et une de la race peau-rouge.

Les individus de race noire, hommes et femmes sont des condamnés aux travaux forcés ou à la réclusion provenant de nos différentes colonies, Martinique, Guadeloupe, Sénégal, etc. C'est la Martinique qui, après l'insurrection de 1871, a fourni le plus fort contingent d'individus de cette race. Le plus grand nombre a quitté la Guyane, en 1880, après l'amnistie.

Les coolies indiens et chinois qui existent dans les pénitenciers de la Guyane sont des hommes introduits comme travailleurs dans les colonies françaises et condamnés par les tribunaux de ces colonies aux travaux forcés ou à la réclusion.

La femme peau-rouge qui figure sur le tableau précédent, est une femme libre, habitant sur la rive hollandaise du Maroni, qui s'est mariée en 1867 avec un transporté européen. Elle est morte en 1869 après avoir eu un enfant du sexe masculin décédé à l'âge de 6 mois.

Il est une remarque que je tiens à faire dès à présent. Les conclusions que je me propose de tirer de cette étude s'appliquent surtout à la race blanche. Or, l'adjonction d'éléments étrangers, quoique relativement peu nombreux, peut sembler

---

[1] Les individus de cette race ne sont pas tous de race pure. Il y a parmi eux quelques hommes et quelques femmes de couleur.

de nature à exercer une influence sur la valeur de mes conclusions relatives à la race blanche. C'est pourquoi il est juste de
considérer que les mariages entre individus de race autre que
la race européenne sont tous de date assez récente. Dans le
principe la colonie pénitentiaire devait être exclusivement composée de travailleurs blancs. Les 187 mariages contractés depuis 1859 jusqu'au milieu de l'année 1867 sont exclusivement des mariages d'Européens et ce sont précisément les mariages dont nous pourrons le mieux étudier les résultats. Ce
n'est qu'à partir de l'année 1875 que commence sérieusement
l'introduction des individus de race exotique ; car de 1867
à 1875 on ne compte que 8 mariages dont un des conjoints ou
les deux conjoints ne sont pas des Européens. Ces 8 mariages
se décomposent ainsi : 2 Européens mariés avec 2 femmes de
race noire ; un Européen marié avec une femme peau-rouge,
un Arabe avec une femme française, un Indien avec une fem
me noire, un Chinois avec une femme noire et 2 hommes de
race nègre avec 2 femmes de la même race. Ainsi les conjoints
des 317 mariages contractés du mois d'octobre 1859 au mois
de juin 1875 étaient des Européens sauf les conjoints des
8 mariages dont je viens de parler.

Le tableau précédent nous indique encore la race des époux
en fonction de la race des épouses. On peut voir que, en général.
les concessionnaires du Maroni ont obéi dans le choix de leur
compagne à ce qu'on pourrait appeler *l'affinité ethnique*,
c'est-à-dire, qu'ils se sont presque tous unis avec des femmes
de leur race. Plusieurs cependant ont dérogé à cette règle et
si la colonie pénitentiaire du Maroni était appelée à prospérer,
elle présenterait, dans un demi-siècle ou un siècle d'ici, un curieux mélange de races. Des observations précises sur la question des croisements ethniques ne seraient pas sans intérêt car
cette question a été très diversement envisagée par les hommes
de science. De Gobineau [1], le docteur Nott [2], R. Knox [3], le docteur Périer [4], et d'une manière moins exclusive le profes-

---

[1] Essai sur l'inégalité des races humaines.
[2] *Hybridity of animals viewed in connection with the natural history of mankind.*
[3] *The races of man.*
[4] J.-A.-N. Perier. Essai sur les croisements ethniques in *Mémoire de la Société d'anthropologie.* Paris, 1860.

seur Broca[1] n'ont vu dans les croisements ethniques que des inconvénients. « Avec la cessation de l'apport de sang européen, dit Rob. Knox, le mulâtre de toutes nuances doit bientôt cesser d'exister ; il ne peut pas étendre sa race, car il n'est d'aucune race ; il n'y a pas de place pour lui dans la nature. Je ne crois pas, ajoute-t-il, qu'aucune race exclusivement mulâtre puisse se maintenir au delà de la troisième ou de la quatrième génération. Il faut que les mulâtres s'unissent avec des races pures ou bien qu'ils périssent, car la nature ne crée pas de mulets et ne les souffre pas. »

D'un autre côté, Thévenot, Deschamps[2], de Quatrefages[3], moins préoccupés à coup sûr, de l'observation des faits que des déductions de leur théorie monogéniste n'ont pas craint de nous prophétiser que « l'avenir appartient évidemment aux races croisées..... et qu'un jour les métis couvriront la terre entière[4] ». Parmi ceux qui, négligeant le côté scientifique, n'ont considéré le mélange des races qu'au point de vue politique et social, presque tous, surtout en France, trop confiants dans leurs théories, ayant fort peu vu et étudié de près la *pratique* et la réalité des faits, n'ont pas envisagé cette question si complexe sous son véritable jour. En voulant faire des croisements ethniques la pierre angulaire de la colonisation ils n'ont pas suffisamment tenu compte, à mon avis, des difficultés d'application et de toutes les conséquences de leur système[5].

III. *Age absolu et relatif des hommes et des femmes au moment du mariage.* — On comprend facilement que la situation particulière des conjoints du Maroni n'a pas été, surtout pour les hommes, une circonstance favorable à la précocité des mariages. Même ceux qui ont été condamnés jeunes ont dû passer, d'après le règlement, au moins deux ans dans les pénitenciers avant d'être nommés concessionnaires, c'est-

---

[1] Recherches sur l'hybridité animale en général et sur l'hybridité humaine en particulier, in *Journal de physiologie* de Brown-Sequard. Tomes I, II, III. Tiré à part en 1860.

[2] Cités par Périer, *Loc. cit.*

[3] Unité de l'espèce humaine. 1 vol. chap. XIII et suiv., art. Races humaines in *Dict. encyclop.*

[4] De Quatrefages. Art. Races humaines in *Dict. encyclopédique des sciences médicales.*

[5] Voir à ce sujet les réflexions de Boudin in *Traité de géographie et de statistique médicale.* Paris, 1857. Tome deuxième, p. 217 à 223.

à-dire, avant de se trouver dans les conditions requises pour
contracter mariage. Malgré cela, parmi les hommes 5 avaient
25 ans seulement au moment de leur mariage, 6 avaient
26 ans, 10 avaient 27 ans, 11 28 ans, etc. D'une manière générale 144 hommes n'avaient pas plus de 35 ans ; 203 avaient
de 35 à 45 ans et 71 avaient un âge supérieur à 45 ans. Le
plus âgé avait 60 ans ; un avait 59 ans, un autre 58 ans, etc.

Les mariés les plus âgés sont des veufs se mariant pour la
seconde ou la troisième fois, car, ainsi que je l'ai déjà dit, un
certain nombre d'hommes et de femmes ont contracté plusieurs
mariages.

Du côté des femmes, l'âge au moment du mariage est en général moins élevé ; quelques-unes même se sont mariées très
jeunes. En effet, 4 n'avaient pas plus de 15 ans, 2 avaient
16 ans, 5 avaient 17 ans, 4, 19 ans, 7 avaient 20 ans, etc.
D'une manière générale, 27 n'avaient pas plus de 20 ans.
93 avaient de 20 à 25 ans ; 128 avaient de 25 à 30 ans ; 81
de 30 à 35 ans ; 53 de 35 à 40 ans ; et 36 au delà de 40 ans,
Parmi les plus âgées, une avait 54 ans ; une autre 53 ans ;
une troisième 52 ans ; enfin 3 avaient 48 ans. La remarque
que nous venons de faire pour les hommes peut s'appliquer
aux femmes : les plus âgées sont presque toutes des femmes
remariées après un ou plusieurs veuvages.

Quant à celles qui se sont mariées au-dessous de 20 ans,
bien peu parmi elles sont des condamnées. Ce sont, comme je
l'ai dit, des filles de transportés, nées au Maroni ou venues de
France pour rejoindre leur père, soit seules, soit avec leur mère.

La proportion pour cent des hommes et des femmes mariés
à chaque âge est la suivante : 1,2 p. 100 pour les hommes
mariés à 25 ans, 4 p. 100 pour les hommes mariés à 30 ans,
1 p. 100 pour les femmes mariées à 15 ans, 1,7 p. 100 pour
les femmes mariées à 20 ans, 6,9 p. 100 pour les femmes
mariées à 30 ans, etc.

L'âge moyen des hommes étant de 38,53, et l'âge moyen
des femmes de 29,94, la différence qui existe entre l'âge moyen
des hommes et l'âge moyen des femmes au moment du mariage est de 8,59.

Toutes les fois qu'il sera possible d'établir une comparaison
entre les données démographiques de la population du Maroni
et les données générales de la population de la France ou des

autres États de l'Europe j'emprunterai mes termes de comparaison au docteur Bertillon, le savant et judicieux auteur des articles de démographie *mariage*, *mortalité*, *natalité*, *France*, etc., du *Dictionnaire encyclopédique des sciences médicales*. D'après les calculs de cet auteur, l'âge moyen des époux au moment du mariage serait en France (période de 61-65) d'un peu plus de 30 ans (30,11) pour la France entière, de 31,75 pour le département de la Seine, de 27,5 en Angleterre, de 31,47 en Belgique, etc. Pour les épouses cet âge moyen serait de 25,8 en France, 27,3 dans le département de la Seine, 25,25 en Angleterre, 28,4 en Belgique, etc.

On voit que la différence est assez sensible. Elle est plus forte pour les époux que pour les épouses. En effet l'âge moyen des épouses du Maroni n'est pas supérieur de plus d'une année et demie à l'âge moyen des épouses en Belgique.

Il y a eu au Maroni plusieurs mariages disproportionnés. Deux hommes de 48 ans se sont mariés l'un avec une fille de 15 ans, l'autre avec une fille de 20 ans. Un homme de 37 ans et un autre de 35 ans ont tous les deux épousé des filles de 15 ans ; un homme de 59 ans s'est marié avec une fille de 16 ; un autre âgé de 46 ans a contracté mariage avec une fille de 17 ans. Enfin il y a encore eu deux mariages entre un homme de 60 ans et une femme de 26 ans et entre un homme de 56 ans et une fille de 24 ans.

Inversement une femme de 48 ans a épousé un homme de 35 ans ; une femme de 47 ans s'est mariée avec un homme de 57 ans et une femme de 53 ans avec un homme de 40 ans.

Remarquons encore que 348 fois sur 418 le mari était plus âgé que la femme ; 13 fois il s'est trouvé que l'époux et l'épouse avaient le même âge ; enfin 57 fois seulement sur 418 l'âge de la femme était supérieur à l'âge de l'homme.

IV. *Degré d'instruction des conjoints*. — Il m'eût été difficile de me procurer des renseignements précis sur cette particularité importante chez les mariés du Maroni. J'aurais pu cependant relever sur les registres de l'état civil le nombre des individus, hommes et femmes, qui avaient pu apposer leur signature au bas de leur contrat de mariage, et le nombre de ceux qui avaient déclaré ne pas savoir signer. Quelque vague que soit cette indication, elle n'en fournit pas moins des données intéressantes. Elle nous apprend que sur 1000 époux il y

en a en France 282 (période 1860-65), qui ne savent pas
signer ; 226 en Angleterre (période 61-65) ; 600 en Italie (période 1855-60), etc. Parmi les épouses, ne savent pas signer :
en Italie 790, en France 420, en Angleterre 330, etc.

Je regrette d'avoir négligé de relever ce détail sur les registres de l'état civil de Saint-Laurent et de ne pouvoir, sous ce
rapport, établir une comparaison entre les mariés du Maroni et
la moyenne des mariés en France. Cependant je crois pouvoir
avancer que les femmes sont presque toutes illettrées mais
qu'il n'en est pas de même des hommes. Les documents officiels nous apprennent que si l'on considère l'ensemble des
transportés européens à la Guyane, on trouve qu'il y en a près
de la moitié qui ne sait ni lire ni écrire ; mais il ne faut pas
oublier que les concessionnaires mariés sont le produit d'une
sélection faite sur près de 2000 transportés et qu'on n'a marié
que les plus méritants, les plus intelligents et presque toujours les plus instruits. Il est possible que la proportion de
ceux qui ont pu apposer leur signature au bas de leur contrat
de mariage soit égale, sinon supérieure, à la proportion que
donnent les époux en France.

Le tableau qui suit donne un aperçu du degré d'instruction
des condamnés des deux sexes, transportés à la Guyane. Les

DEGRÉ D'INSTRUCTION DES TRANSPORTÉS (HOMMES ET FEMMES) ANNÉE 1876

RACES ET SEXES		AYANT REÇU UNE INSTRUCTION SECONDAIRE	SACHANT LIRE ET ÉCRIRE	SACHANT LIRE	ILLETTRÉS	TOTAL
Européens	Hommes. .	17	951	20	801	1789
	Femmes. .	»	20	1	104	125
Arabes	Hommes. .	»	56	1	1207	1264
	Femmes. .	»	»	»	2	2
Noirs	Hommes. .	»	36	3	592	631
	Femmes. .	»	»	»	33	34
Totaux. . .		17	1064	25	2739	3845

condamnés sont classés par races, mais je dois dire que sous
la dénomination de *noirs*, l'administration pénitentiaire com-

prend tous les individus autres que les Européens et les Arabes. Il y a dans cette classe, indépendamment des nègres, une certaine proportion de coolies indiens, parias dans leur pays d'origine et tous illettrés, quelques Chinois et quelques Annamites. J'emprunte ce document à la *Notice sur la Transportation pour l'année* 1876, publiée par le Ministère de la marine et des colonies. Je le résume en supprimant la division par catégories.

On remarquera la proportion énorme d'illettrés chez les Arabes (1207 illettrés sur 1264) et chez les femmes européennes (104 illettrées sur 125). Elle est encore plus forte pour les individus de race exotique compris sous la dénomination générale de *noirs*, surtout du côté des femmes (33 illettrées sur 34). Quant aux transportés européens, près de la moitié est absolument illettrée.

Bien que le contingent des bagnes ne se recrute pas en général dans la haute bourgeoisie et la noblesse, le tableau précédent nous montre que, sur les 1789 transportés européens qui y figurent, il s'en trouve 17 qui avaient reçu une instruction secondaire. La plupart d'entre eux avaient sans doute fait un médiocre profit de cette instruction et le document administratif ne nous dit pas si elle a été complète ou incomplète. J'ai connu quelques concessionnaires qui avaient exercé des professions libérales et parmi les 418 mariés du Maroni il existe un représentant de la noblesse la plus authentique. Fils d'un général, Louis de B. des F., après une vie fort orageuse, est venu s'échouer au Maroni ; abdiquant tous les préjugés, il s'est allié bourgeoisement en 1877 devant l'officier de l'état civil de Saint-Laurent avec une vulgaire roturière[1].

V. *Dissolution des mariages*. — Sur les 418 mariages con-

---

[1] J'ai dit que les femmes étaient, en général, illettrées. Il y a eu cependant au Maroni une condamnée aux travaux forcés, Mlle P. de S. appelée la comtesse, qui faisait exception à la règle et avait reçu une éducation distinguée. Un désespoir d'amour l'avait poussée au crime et elle avait été condamnée aux travaux forcés. La comtesse qui est morte depuis assez longtemps ne s'est pas mariée. Elle fut employée comme institutrice à l'école des filles. Pour des détails sur la comtesse, voir le livre de M. le commandant Bouyer : *La Guyane française, notes et souvenirs, par Frédéric Bouyer, capitaine de frégate*. Paris, librairie Hachette, 1867. La comtesse avait beaucoup écrit en prose et en vers : le commandant Bouyer a édité une de ses poésies assez convenablement versifiée. A Saint-Laurent est morte aussi en 1866 l'héroïne du roman de MM. Adolphe Belot et Ernest Daudet : *La Vénus de Gordes*. Son véritable nom était Rosalie B.

tractés au Maroni depuis le mois d'octobre 1859, 117 seulement existait à la date du 1er janvier 1882. 264 mariages ont
été dissous par la mort de l'un des conjoints ; 27 ménages
sont partis ou évadés ; enfin 10 ménages ont été uissous par
l'évasion ou le départ de l'un des conjoints. Bien que ces derniers mariages ne soient pas légalement dissous, le ménage
n'existe plus et au point de vue qui nous occupe le résultat est
le même que si l'union conjugale avait été légalement rompue.
Nous appellerons *pseudo-veufs* et *pseudo-veuves* les maris et
les femmes restés seuls à la Guyane.

L'unique mariage contracté en 1859 n'existe plus. Des
18 mariages contractés en 1860, 15 sont dissous et l'ont été
par la mort de l'un des deux conjoints. Sur les 28 mariages
de l'année 1862, il n'en existe aucun à la date du 1er janvier 1882 ; 24 ont été dissous par la mort, un a été rompu par
l'évasion du mari et les trois autres ménages ont quitté la
colonie. Des 53 mariages de l'année 1866, il y en a 47 qui
ont cessé d'exister (41 dissous par la mort, un par l'évasion du
mari et 5 ménages partis ou évadés), etc.

A mesure que nous approchons de l'année 1881 la proportion des mariages dissous diminue. Des 8 mariages de l'année 1879, un seul a été dissous par la mort du mari. Des
10 mariages contractés dans le courant de l'année 1880, il
n'en manque qu'un seul et ce ménage a quitté la colonie.
Enfin des 19 mariages de l'année 1881, aucun n'est encore
rompu à la date du 1er janvier 1882.

VI. *Mariages dissous par la mort de l'un des conjoints.*
— Sur les 301 mariages ayant cessé d'exister à la date du
1er janvier 1882, 264 ont été dissous par la mort de l'un des
conjoints et si nous décomposons ces 264 ruptures de mariages nous en trouvons 140 dues à la mort du mari et 124 dues
à la mort de la femme.

En étudiant l'âge des hommes et des femmes au moment
du mariage, nous avons vu qu'il y avait entre l'âge moyen des
hommes et l'âge moyen des femmes une différence de plus de
8 ans et demi (8,59) au profit des hommes. Par conséquent,
l'époux, en général plus âgé avait des chances de mourir avant
son épouse plus jeune que lui. C'est en effet ce qui a eu lieu.
mais dans une assez faible proportion, comme on peut le remarquer : 140 hommes pour 124 femmes, ce qui revient à

112 hommes pour 100 femmes. Il y a certainement une influence qui a contrarié l'avantage que l'infériorité d'âge devait donner aux femmes relativement aux chances de mourir après leur mari. Lorsque nous étudierons l'âge des individus des deux sexes au moment du décès, nous verrons que le temps moyen passé par les femmes dans l'état de mariage est inférieur au temps moyen passé par les hommes ; en d'autres termes, bien que les femmes fussent beaucoup plus jeunes que les hommes leur mortalité a été presque aussi forte que la mortalité de ces derniers.

Ce fait serait complètement anormal en France ; il est au contraire tout naturel à la Guyane si l'on veut bien tenir compte des conditions particulières dans lesquels se sont trouvés au Maroni le groupe masculin et le groupe féminin. Nous savons qu'avant de devenir concessionnaire le transporté a déjà passé un minimum de 2 ans dans les pénitenciers de la Guyane. Au moment où il va se marier il a déjà vécu 3 ou 4 ans et souvent davantage dans la colonie. Ce séjour de 4 ou 5 ans a pour effet d'éliminer, de supprimer les individus faibles ou débiles. Après cette épreuve les survivants se trouvent adaptés à leur nouveau milieu ; ils sont acclimatés ; ils ont moins de chances que l'Européen fraîchement débarqué d'être atteints par les maladies infectieuses qui forment le fond de la pathologie des pays chauds et surtout par les maladies infectieuses sévissant épidémiquement comme la fièvre jaune et les fièvre bilieuses. Tout transporté européen qui est arrivé à sa quatrième ou cinquième année de séjour à la Guyane est rarement destiné à mourir d'une maladie aiguë ; il est appelé à succomber, dans un laps de temps plus ou moins long, aux maladies que produit l'action lente du climat, l'anémie tropicale et la cachexie.

Il existe encore une maladie très fréquente à laquelle un Européen qui a subi l'épreuve de 4 ou 5 années de séjour dans les pays chauds a peu de chances de succomber, c'est la phthisie pulmonaire. Chez les individus qui possèdent une diathèse tuberculeuse, chez les poitrinaires à l'état latent, le séjour dans les pays chauds hâte la manifestation de la maladie dont leur organisme cache le germe et lui imprime une marche extrêmement rapide. Cette action si réelle des climats chauds sur la marche de la phthisie pulmonaire, a été bien mise en évidence par le docteur Jules Rochard[1] dans un rapport remarquable et souvent cité adressé à l'Académie de Médecine en 1856. Tout transporté européen qui débarque à la Guyane avec une diathèse tuberculeuse. héréditaire ou acquise, arrive rarement à sa quatrième ou cinquième année de séjour dans la colonie.

Ainsi, le groupe des concessionnaires mariés a subi avant le mariage l'épreuve de plusieurs années de séjour dans les pays chauds, épreuve qui l'a débarrassé de ceux de ses membres ne possédant qu'une faible résistance vitale à l'action du climat. Ce groupe a payé, avant le mariage, son tribut à la sélection, mais en est-il de même des femmes ? Forment-elles un groupe sélecté, si je puis m'exprimer ainsi, au point de vue de l'aptitude à succomber aux maladies les plus meurtrières du nouveau milieu où elles sont destinées à vivre ? Avant de se marier elles n'ont pas vécu trois ou quatre années à la Guyane. Presque toutes se sont mariées dans le courant de l'année qui a suivi leur arrivée, souvent même après quelques mois seulement de séjour dans la colonie. La sélection produite par le climat sur le groupe masculin s'est opérée avant le mariage ; pour le groupe féminin cette sélection a eu lieu après le mariage.

Si les 418 ménages du Maroni avaient vécu en France, nous pouvons dire que, grâce à la différence considérable existant entre l'âge moyen du groupe masculin et l'âge moyen du groupe féminin, les mariages auraient été dissous en grande majorité par la mort du mari, et, si les veufs et les veuves s'étaient remariés presque aussitôt après leur veuvage, comme ils l'ont fait au Maroni, le temps moyen passé dans le mariage serait moins considérable pour les hommes que pour les femmes. Je viens d'expliquer pourquoi les choses se sont passées autrement à la Guyane.

Les femmes qui ont succombé avant leur mari ont passé, en général, très peu de temps dans la communauté conjugale ; ce sont les membres du groupe féminin sacrifiés par la sélection. Celles, au contraire, qui ont survécu et se sont adaptées à leur nouveau milieu, trouvant dans leur infériorité d'âge un avantage considérable sur leurs maris, ont eu le temps de devenir veuves plusieurs fois. Elles se sont mariées chacune trois fois

---

[1] Jules Rochard. De l'influence de la navigation et des pays chauds sur la marche et le développement de la phthisie pulmonaire. In *Mémoires de l'Académie de médecine*. Tome XX. p. 75.

et même quatre fois, comme nous le verrons tout à l'heure, et
la plupart sont encore vivantes actuellement. Cela nous explique comment il se fait que le groupe féminin, bien qu'ayant
perdu un peu moins de membres que le groupe masculin, n'ait
passé dans l'association conjugale, comme nous le constate-
rons bientôt, qu'un temps moyen inférieur au temps moyen
passé par les hommes.

VII. *Ménages évadés et partis. — Ménages dissous par
l'évasion ou le départ de l'un des conjoints.* — Parmi
les 301 ménages ayant cessé de figurer au Maroni à la date du
1er janvier 1882, il y en a 8 dont les deux conjoints se sont
évadés ensemble. Il y a eu une évasion pendant l'année
1867, une en 68, une en 70, une en 73 et 4 en 69. Je
ne saurais dire la cause de cette fréquence des évasions pendant l'année 1869. Quel mobile a pu déterminer cette année-
là les nouveaux mariés du Maroni à aller faire leur voyage de
noces à l'étranger? L'administration seule pourrait peut-être
nous apprendre s'il faut expliquer ce phénomène autrement
que par l'esprit d'imitation et voir là autre chose qu'une espèce de petite épidémie morale.

A côté de ces 8 ménages évadés, nous en avons 19 qui, à
l'expiration de leur peine, sont partis légalement de la colonie,
grâce aux dispositions de l'article 6 de la loi du 30 mai 1854.
Ces ménages sont rentrés pour la plupart en France, ou, pour
mieux dire, en Europe; cependant j'en trouve un qui est allé
s'établir au Brésil; un autre est allé chercher fortune aux
États-Unis; 3 ou 4 autres, originaires de la Martinique, sont
retournés dans leur pays.

Sept départs ont eu lieu en 1873, et les chefs de ces 7 familles sont tous Alsaciens-Lorrains. Après l'annexion de leur
pays d'origine, ils eurent la faculté d'opter pour la nationalité
allemande et ils furent rapatriés pour être rendus à leur nouveau pays.

4 ménages sont partis en 1880 et 2 en 1881. Ce sont des
individus de race noire, condamnés pour participation à
l'insurrection de 1871 à la Martinique. La promulgation de
la loi d'amnistie du 11 juillet 1880 leur a permis de quitter
la Guyane.

10 ménages ont été dissous par l'évasion ou le départ de
l'un des conjoints. Cette espèce de divorce a été pratiqué cinq

fois par la femme et cinq fois par l'homme. Ces conjoints infi-
dèles, qui ont laissé à la Guyane 5 pseudo-veufs et 5 pseudo-
veuves se sont tous évadés ; cependant deux ou trois fois, la
séparation a eu lieu à l'amiable. Le mari astreint ou non
astreint à sa résidence dans la colonie (4e 1re ou 4e 2e) a bien
voulu laisser partir sa femme, désireuse de revoir la France ;
inversement, le mari a quitté la Guyane sans emmener sa
moitié.

Un des hommes évadés est porté sur les registres de l'administration pénitentaire comme *disparu*. Les circonstances n'ont
probablement pas permis de supposer une évasion, et il serait
plus logique de voir là un accident ou un suicide (asphyxie par
submersion dans le Maroni) ; mais comme il n'y a pas d'acte
de décès, je n'ai pas cru devoir considérer cet homme comme
décédé et je l'ai placé dans la catégorie des évadés.

VIII. *Durée des mariages.* — Nous pouvons diviser les
418 mariages du Maroni en quatre classes : 1° ceux qui
existent encore ; 2° ceux qui ont été légalement rompus par la
mort de l'un des conjoints ; 3° ceux dont les deux conjoints ont
quitté ensemble la colonie (évadés ou partis légalement) ;
4° ceux dont un seul des conjoints est évadé ou parti.

1° Quant à la durée des mariages dont les deux conjoints
existent encore à la Guyane, nous trouvons les résultats suivants : il y en a 19 contractés dans le courant de l'année 1881,
qui ont moins d'un an de durée au 1er janvier 1882 ; 17
existent depuis 4 ans, 6 depuis 10 ans, 6 depuis 15 ans, 2
depuis 18 ans, 3 depuis 21 ans, etc. Le calcul nous donne
pour ces mariages une durée moyenne de plus de 6 ans 1/2
(6,67),

2° Sur les 264 mariages dissous légalement par la mort, il
y en a 9 qui ont duré moins d'un an, 38 n'ont duré qu'un an,
34 ont duré 3 ans, 25 ont duré 5 ans, 15 ont duré 13 ans,
3 ont duré 15 ans, 2 ont duré 18 ans, etc. Je trouve que la
durée moyenne des mariages légalement rompus a été de plus
de 5 ans 1/2 (5,62).

3° Le relevé du nombre d'années passées à la Guyane par
chacun des 27 ménages partis ou évadés, donne le résultat
suivant : 5 ménages ont passé 3 ans dans la colonie, 6 y ont
passé 4 ans, 2 y ont passé 10 ans et 1 y a passé 11 ans. Le
temps moyen est de près de 5 ans 1/2 (5,44).

4° Parmi les 10 ménages dissous par l'évasion ou le départ de l'un des conjoints, nous trouvons qu'il y en a 1 ayant duré moins d'un an, 2 ayant duré 1 an, 2 ayant duré 5 ans, 1 ayant duré 12 ans, enfin un dernier ayant duré 17 ans. La durée moyenne a été de 5 ans.

IX. *Fécondité des mariages. Mariages stériles.* — Quel est le nombre moyen d'enfants donnés par un mariage en France et en Europe ? Il est impossible, dans l'état actuel des renseignements statistiques officiels fournis par la France et les autres États de l'Europe, d'obtenir une réponse précise à cette question. Pour avoir une moyenne, sinon exacte, au moins approchée, les statisticiens ont recours à un artifice de calcul qui consiste à diviser le nombre annuel des naissances par le nombre annuel des unions conjugales ; mais ce calcul est sujet à une critique qu'il est inutile d'exposer ici en détail, et les résultats qu'il donne ne sont pas tout à fait conformes à la réalité. Après avoir essayé de corriger, par un calcul spécial, l'erreur dont sont entachés les résultats obtenus de cette manière, M. Bertillon a trouvé que le nombre moyen des naissances par mariage est environ de 4 pour les mariages anglais. « En France, la moyenne ne dépasse guère 3 naissances vivantes par mariage, et ces 3 existences sont réduites à moins de 2 (1,92) à 20 ans, de sorte que notre population adulte ne se maintient et ne progresse quelque peu, quant au nombre, que par l'apport que lui fournit la natalité illégitime. »

Cette même moyenne d'enfants par mariage est un peu supérieure à 5 en Hongrie, un peu supérieure à 4,68 en Russie, à 3,96 en Belgique, 3,75 en Danemark, etc.

Les mariages du Maroni ont été peu féconds ; les moyennes d'enfants par ménage sont bien faibles. Encore faut-il faire remarquer que les mort-nés sont compris dans ces moyennes ; or, comme nous le verrons plus loin, la mortinatalité du Maroni est de beaucoup supérieure à la mortinatalité des nations européennes. Les 18 mariages de l'année 1860 ont donné une moyenne de 2,44 enfants par mariage. Cette moyenne est de 1,5 pour les 28 mariages de l'année 1862, de 2,04 pour les 24 ménages de l'année 1864, de 1,07 pour les 53 mariages de l'année 1866, de 0,87 seulement pour les 41 mariages de l'année 1868. D'une manière générale, les 418 unions conjugales du Maroni ont fourni (mort-nés compris) une moyenne d'enfants de 0,96 seulement par mariage et de 0,906 sans les mort-nés.

Un point sur lequel l'attention doit être attirée, c'est le nombre énorme de mariages stériles : 215 mariages stériles contre 203 féconds. Que les 19 mariages contractés dans le courant de l'année 1881 n'aient pas encore donné d'enfants à la date du 1er janvier 1882, rien de plus naturel ; mais ce qui l'est moins, c'est que sur les 10 mariages de l'année 1880, il ne s'en trouve qu'un seul qui ait donné un enfant, et que sur les 19 mariages de l'année 1875, 15 soient restés jusqu'ici sans descendance. Il est également étrange de trouver 9 mariage stériles sur les 11 mariages de l'année 1873, 21 unions stériles sur les 41 contractées en 1868, 22 sur les 53 contractées en 1866, enfin 15 unions stériles sur les 36 qui ont eu lieu dans le courant de l'année 1865.

Si nous faisons abstraction des mariages stériles pour ne considérer que les 203 mariages féconds, nous trouvons que la moyenne la plus élevée est de 3,14 (mort-nés compris), moyenne donnée par les mariages féconds de l'année 1860. La moyenne générale pour les 203 mariages féconds est de 1,98 (mort-nés compris).

Parmi les 14 mariages féconds de l'année 1860, deux n'ont eu qu'un enfant, 4 en ont eu 2, 2 en ont eu 3, 4 mariages ont eu chacun 4 enfants, 1 en a eu 5 et le dernier 7. Sur les 14 mariages féconds de l'année 1877, 7 mariages n'ont eu qu'un enfant, et les 7 autres en ont eu 2. Les 203 mariages féconds se décomposent ainsi : 96 mariages n'ayant eu qu'un enfant, 55 en ayant eu 2, 29 en ayant eu 3, 11 en ayant eu 4, 7 en ayant eu 5, 4 en ayant eu 6 et un seul en ayant eu 7. Ces différents nombres comprennent les mort-nés.

A un point de vue plus général, nous dirons que dans 21 cas l'association conjugale a été observée pendant 15 ans et au delà, avec une moyenne de 3 enfants par mariage (mort-nés compris); dans 71 cas le mariage a duré de 10 à 15 ans et a fourni une moyenne de 1,78 enfants ; dans 123 cas le mariage a duré de 5 à 10 ans avec une moyenne de 1,105 enfants ; dans 174 cas le mariage a duré de 1 à 5 ans avec une moyenne de 0,53 enfant; enfin 29 mariages ont duré moins de un an et n'ont fourni qu'une moyenne de 0,1 enfant par mariage.

Nous avons remarqué que les unions stériles sont plus nom-

breuses que les unions fécondes ; à quelle cause faut-il attribuer
cette quantité considérable de mariages restant sans descen
dance après 5, 10, 15 et même 21 ans de vie en commun ? Il
est impossible, à mon avis, d'expliquer ce fait uniquement
par l'âge des conjoints. Faudrait-il voir là un effet de la
contrainte morale préconisée par Malthus ? La contrainte
morale....... ou immorale, c'est-à-dire, le calcul de la procréation, peut être invoqué pour expliquer la faible moyenne
d'enfants par mariage en France relativement aux autres états
de l'Europe, mais elle ne saurait nous rendre compte de ce
même phénomène au Maroni. Que dans une société trop serrée,
comme en Europe, lorsque la population très dense se trouve
à l'étroit dans les limites où elle est enfermée, on voit fort peu
de familles ayant 6, 8, 10 enfants et que le calcul dans la procréation entre pour beaucoup dans cet état de choses, c'est
possible, je dirai même que c'est certain ; mais si le calcul
limite souvent la descendance des ménages, je crois que bien
rarement il les supprime radicalement.

Lorsqu'il s'agit d'expliquer un phénomène social il faut
faire la part de toutes les conditions particulières du milieu où
ce phénomène s'opère. Au Maroni, l'enfant n'est pas une charge
pour le ménage ; nous avons vu dans la notice historique que
l'Etat prend soin de l'entretenir et de l'élever à ses frais.
L'intérêt des parents est d'en avoir le plus possible, car plus
tard les enfants deviendront pour eux un appui. C'est là un
fait qui s'observe dans tous les pays neufs où le placement des
enfants n'est pas une gêne pour les parents. Partout où la
race blanche, se trouvant dans un milieu favorable, peut se
développer librement comme cela a lieu dans l'Amérique du
Nord et en Australie, les familles ayant 10 ou 12 enfants ne
sont pas rares ; les mariages présentent dans ces conditions
une fécondité moyenne dont on n'a aucune idée dans notre
Vieux-Monde, et qui dépasse souvent la loi du développement
de l'espèce humaine formulée par Malthus.

Je dis qu'il faut chercher ailleurs une explication à la proportion énorme des mariages stériles au Maroni. La cause pri-
mordiale et générale de ce phénomène c'est le non-acclimatement de la race des conjoints, l'inaptitude de race blanche à
procréer des enfants et à se perpétuer dans un climat qui ne
lui convient pas. Dans un milieu défavorable à l'individu l'es-

pèce doit s'éteindre. La plus apparente des causes immédiates
et particulières, c'est, comme je le démontrerai bientôt, la fréquence inouïe des avortements.

X. *Veufs et veuves.* — *Pseudo-veufs et pseudo-veuves.* —
Nous avons vu qu'un nombre considérable de mariages (264)
ont été dissous par la mort de l'un des conjoints, et qu'un certain nombre d'associations conjugales (10), sans être légalement dissoutes, ont été rompues par l'évasion ou le départ du
mari ou de la femme. Que sont devenus ces 124 veufs, ces
140 veuves, ainsi que ces 5 pseudo-veufs et ces 5 pseudo-
veuves ?

Parmi ces individus, les uns sont restés veufs et existent
encore, les autres se sont remariés, quelques-uns ont quitté la
colonie (départ ou évasion), enfin, plusieurs sont décédés en
état de veuvage.

Il existe au 1ᵉʳ janvier 1882. 29 veufs dont 2 ne sont que des
pseudo-veufs et 28 veuves dont 2 pseudo-veuves. 32 hommes
sont morts veufs et sur ce nombre 2 étaient des pseudo-veufs.
Les femmes mortes en état de veuvage ne sont qu'au nombre
de 18 dont 2 étaient des pseudo-veuves, c'est-à-dire, n'avaient
pas le droit de contracter une nouvelle union. Ainsi, les
hommes sont morts en état de veuvage presque 2 fois plus
souvent que les femmes ; en revanche ils se sont remariés
moins souvent puisque nous trouvons 53 veufs remariés et
88 veuves entrées de nouveau dans l'association conjugale. On
voit que les veuves ont été moins inconsolables que les veufs.
Ce fait est tout naturel. L'homme, en général, plus vieux que
la femme, une fois devenu veuf, est resté seul dans sa concession pour mourir dans le veuvage. Sa femme, au contraire, ne
pouvant se livrer seule à l'exploitation de sa concession soit
urbaine, soit rurale, et étant de plus recherchée en mariage,
souvent malgré son âge avancé, à cause du faible nombre de
femmes existant dans la colonie pénitentiaire, est morte plus
souvent dans l'état de mariage.

J'ai fait remarquer dès le début de cette étude que les
418 unions du Maroni n'avaient pas été contractées par
836 conjoints différents et que plusieurs, devenus veufs s'étaient
remariés, ce qui réduit le nombre des membres de la colonie
pénitentiaire. De plus, je trouve que ces 53 veufs remariés ne
constituant pas 53 hommes différents ; il y en a qui sont de-

venus veufs 2 fois et se sont mariés 5 fois. Il en est de même pour les 88 veuves remariées, parmi lesquelles plusieurs se sont mariées jusqu'à 4 fois.

Voici le nombre d'individus, hommes et femmes, ayant contracté 2 ou plusieurs mariages :

HOMMES

317 se sont mariés 1 fois	. . . . . .	317 mariages.
45	—	2 —	. . . . .	86	—
5	—	3 —	. . . .	15	—

365 hommes ayant contracté. . . . . 418 mariages.

FEMMES

256 se sont mariées 1 fois	. . . . . .	256 mariages.
63	— 2 —	. . . . . 126 —
8	— 3 —	. . . . . 24 —
3	— 4 —	. . . . . 12 —

330 femmes ayant contracté. . . . . . 418 mariages.

Ainsi, nous pouvons dire que cette étude est la physiologie d'une collectivité composée de 365 hommes et de 330 femmes, soit 695 individus ayant contracté ensemble dans l'espace de 25 ans, 418 mariages et donné naissance à 403 enfants, y compris les morts-nés.

Ces 365 hommes et ces 330 femmes se décomposent ainsi au point de vue de la race :

HOMMES		FEMMES	
Européens.	320	Européennes.	288
Nègres	22	Négresses.	22
Arabes	16	Arabes	12
Indiens.	6	Indiennes.	7
Chinois.	1	Peau-Rouge.	1
	365		330

Au point de vue de la nationalité les Européens se divisent de la manière suivante : 5 Italiens, 4 Belges, 4 Allemands, 1 Es-

pagnol et 306 Français. Parmi les 288 Européennes, il y a
2 Italiennes, 2 Belges. 1 Allemande et 283 Françaises.

J'ai donné dans le tableau, page 276, la race des époux
en fonction de la race des épouses au moment du mariage.
En comparant les données qui précèdent aux données fournies par le tableau, page 292, nous voyons que les
22 hommes de race nègre ont contracté 23 mariages ; il
n'y a par conséquent parmi eux qu'un seul veuf qui se soit
remarié. Les 16 Arabes n'ont fourni que 16 mariages et par
suite aucun veuf remarié, pas plus que les 6 Indiens. Du côté
des femmes nous trouvons que les 22 femmes noires ont contracté 25 mariages ; les 12 femmes arabes en ont contracté 13,
et les 7 femmes indiennes se sont mariées 8 fois.

Quant aux individus originaires d'Europe, les 320 hommes
ont contracté 372 mariages et les 288 femmes ont comparu
371 fois devant l'officier de l'état civil. Ce sont donc les Européens et les Européennes qui ont fourni presque exclusivement les veufs et veuves remariées. Rien n'est moins étonnant
puisque nous avons vu que l'introduction de l'élément noir arabe
et indien dans la colonie pénitentiaire ne date que de 1875,
et que les mariages antérieurs à cette époque sont tous, sauf
les 8 contractés de 1867 à 1875, des mariages entre Européens
et Européennes.

Je me suis demandé si ces femmes qui avaient *consommé*
3 ou 4 maris s'étaient montrées très fécondes et étaient celles
qui ont donné le plus d'enfants. Les 3 femmes qui se sont mariées chacune 4 fois avaient, au moment de leur premier mariage, la 1re 24 ans, la 2e 27 ans et la 3e 30 ans. Deux d'entre
elles ont eu leurs 3 derniers mariages stériles ; il est vrai que,
lors de leur premier mariage, elles ont donné l'une 6 enfants
et l'autre 5 (mort-nés compris). La 3e a eu 3 enfants pendant
la durée de l'un de ses 4 mariages et un enfant pendant la
durée de chacun des 3 autres, soit en tout 6 enfants. Ce
groupe de 3 femmes donne une moyenne de 5,6 enfants par
femme et de 1,4 par mariage. Les 8 femmes qui se sont mariées 3 fois avaient, au moment de leur premier mariage, les
âges suivants : 18, 21, 22, 26, 28 ans, les 3 autres avaient
30 ans. Une d'elles a eu ses 3 mariages stériles ; 3 ont eu
2 mariages stériles et un seul fécond ; 4 ont eu un mariage
stérile et 2 mariages féconds. Aucun de leurs mariages n'a

donné plus de 3 enfants. En faisant le total des enfants. issus des trois mariages de chacune de ces 8 femmes je trouve que l'une d'elles a eu en tout 4 enfants, 2 en ont eu 3, 4 en ont eu 2, et une 0. Moyenne d'enfants par femme de ce groupe : 3,2 ; par mariage : 0,75.

Si nous faisons les mêmes recherches du côté des hommes, nous voyons que 5 hommes se sont mariés 3 fois. Voici leur âge au moment de leur premier mariage : 25, 35, 36, 38, 44 ans. Un homme a eu un seul mariage stérile ; les 4 autres ont eu chacun 2 mariages sans enfants. En faisant le total des enfants nés des 3 mariages de chacun d'eux, je trouve que 1 a eu 3 enfants, 2 ont eu 2 enfants ; 2 n'en ont eu qu'un seul. Moyenne d'enfants par homme : 1,8 ; par mariage ; 0,5.

XI. *Age des hommes et des femmes au moment du décès.* Nous savons que 140 hommes et 124 femmes sont morts en état de mariage, de même que 32 hommes et 18 femmes ont succombé en état de veuvage.

Parmi les 140 hommes morts dans l'état de mariage, il y avait 2 Arabes, 3 nègres, 3 Indiens et 132 Européens. Parmi les 124 femmes mortes également dans l'état de mariage, il y avait 4 négresses, une femme peau-rouge et 119 femmes européennes. Les 32 hommes morts veufs étaient tous Européens et les 18 femmes décédées veuves se décomposent en une femme noire, une Indienne et 16 Européennes.

Etudions maintenant l'âge des hommes et des femmes au moment du décès.

Nous avons vu que les femmes se sont mariées beaucoup plus jeunes que les hommes ; elles ont commencé aussi à mourir plus jeunes. L'âge du décès commence à 16 ans pour le groupe féminin, tandis qu'il ne commence qu'à 28 ans pour le groupe masculin.

En résumant les données recueillies, nous trouvons que 23 femmes sont mortes avant 28 ans et que pas un homme n'est mort avant cet âge. Si nous prenons les âges compris de 28 à 35 ans nous avons 14 hommes décédés et 56 femmes. De 35 à 40 ans il y a 25 hommes et 32 femmes. De 40 à 45 ans, 43 hommes et 19 femmes. De 45 à 50 ans, 43 hommes et 9 femmes. de 50 à 55 ans, 23 hommes et 2 femmes. De 55 à 67 ans, 24 hommes et une femme. L'homme le plus âgé est mort à 67 ans et la femme la plus âgée à 57 ans.

XII. *Temps passé à la Guyane par les hommes et les femmes décédés, depuis leur premier mariage jusqu'à leur mort.* — Mes calculs à ce sujet m'ont donné, pour les hommes, un peu plus de 7 ans (7,14) et, pour les femmes près de 6 ans et demi (6,95).

Je me suis longuement étendu sur la comparaison de la mortalité du groupe féminin et du groupe masculin. J'ai fait remarquer que ce dernier était le produit d'une sélection opérée par un séjour de plusieurs années à la Guyane antérieurement au mariage, tandis que cette sélection ne s'est opérée sur les femmes qu'après leur mariage. Nous voyons actuellement que les victimes sacrifiées par la sélection, c'est-à-dire, par la première influence léthifère du climat, n'ont pas été prises au hasard dans le groupe féminin mais ont été au contraire choisies dans la portion la plus jeune de ce groupe.

Les maladies infectieuses, les plus fréquentes et les plus meurtrières parmi les maladies des pays chauds, et qui constituent, pour ainsi dire, le fond de la pathologie de ces pays, paraissent être des modifications des phénomènes intimes de la nutrition. C'est pourquoi elles choisissent de préférence l'âge où ces phénomènes sont le plus actifs, c'est-à-dire l'adolescence et la jeunesse. On sait quel est l'âge que frappe presque exclusivement la fièvre typhoïde. Abstraction faite de l'influence de l'acclimatement sur l'aptitude à contracter la fièvre jaune, influence énorme, qui n'existe à un degré approchant pour aucune autre maladie, l'affection amarile choisit l'adolescence, la jeunesse dans toute sa force, et de préférence (ainsi que la fièvre typhoïde du reste) les constitutions sanguines, florissantes, pléthoriques. Les fièvres bilieuses graves des pays chauds, qu'on a cherché, non sans raison, à rattacher au typhus américain, se comportent de la même façon. La fièvre paludéenne elle-même, qui frappe tous les âges, ne les atteint pas dans la même proportion. « D'après mes observations particulières, dit Griesinger[1], l'enfance et la jeunesse y sont essentiellement disposées. » On peut avancer qu'une garnison européenne de soldats de 20 ans, maintenue à la Guyane pendant 5 ou 6 ans, serait frappée plus durement par la mort qu'une garnison de soldats de 40 ans.

---

[1] Griesinger. *Traité des maladies infectieuses* Paris, 1877, p. 19.

Un individu, ou un groupe, est d'autant plus apte à affronter sans danger les maladies infectieuses, en général, qu'il est plus éloigné de l'enfance et de l'adolescence. L'étude de la mortalité des femmes du Maroni nous en fournit un exemple.

XIII. *Causes des décès.* — Savoir comment sont morts les conjoints du Maroni, à quelles maladies ils ont succombé, voilà des détails qu'il serait intéressant de connaître et que malheureusement, je ne suis pas à même de fournir [1].

En prenant pour base ce que j'ai dit déjà sur la mortalité des hommes et des femmes, il est permis de supposer *a priori*, que les deux groupes ne sont pas morts de la même manière. Le groupe masculin a succombé aux affections produites par l'action lente du climat, l'anémie, la cachexie, l'hydropisie. Le groupe féminin doit avoir payé, un peu plus large tribut que les hommes aux maladies aiguës : accès pernicieux, fièvre jaune, fièvres bilieuses. On doit trouver également chez ce groupe une plus forte proportion de décès par suite de tuberculose pulmonaire. Dans un travail dont je m'occupe à recueillir les éléments, je me propose de traiter ce sujet, d'étudier à quelles maladies succombent les Européens libres ou transportés, ainsi que les différentes races qui vivent à la Guyane. Autant la race blanche diffère de la race nègre ou jaune, sous le rapport de la couleur de la peau, de la nature du système pileux, des données craniométriques, autant elle en diffère au point de vue pathologique. L'Européen ne vit pas, ni physiquement ni moralement, comme le nègre, l'Indien, ou le Chinois ; soumis au même genre de vie, à l'influence du même climat, du même milieu, il est malade autrement qu'eux, et meurt autrement qu'eux. Les maladies changent, non seulement suivant les races, mais aussi suivant les temps et suivant les milieux. Le Français ne meurt pas à la Guyane

[1] Aux termes d'une ordonnance qui date, si je ne me trompe, de la Restauration, tous les décès qui ont lieu dans les hôpitaux de la marine doivent faire l'objet d'un procès-verbal dans lequel sont indiqués le nom, la filiation, l'âge, le lieu de naissance du décédé ainsi que le genre de maladie à laquelle il a succombé. Tous les procès-verbaux sont consignés sur un registre *ad hoc*. Ce règlement est observé d'une manière irréprochable à l'hôpital militaire de Cayenne, ainsi qu'aux Iles-du-Salut, quoique dans le premier de ces établissements les archives ne remontent pas au delà de 1870 et au delà de l'année 1878 dans le second. A Saint-Laurent du Maroni ce registre n'a jamais été tenu, ou pour mieux dire, il ne l'a été que pendant six mois d'une manière dérisoire. Si le règlement en question n'existait pas, il y aurait lieu de l'établir, mais puisqu'il existe il faudrait qu'il fut observé partout.

de la même manière qu'en France. Sous le rapport pathologique, aussi bien qu'à tous les autres points de vue, rien n'est
plus vrai que cette parole de Cabanis : « Chaque latitude a son
empreinte, chaque climat a sa couleur[1] ».

Cependant parmi les nombreuses causes qui ont occasionné
314 décès parmi les conjoints du Maroni; il m'a été permis
d'en connaître une. En comparant la date de la naissance des
enfants avec la date de la mort de leur mère, j'ai pu savoir
approximativement le nombre des femmes décédées pendant
l'accouchement, ou après l'accouchement, par suite de maladies puerpérales. J'ai trouvé de cette manière que 21 femmes
sont mortes dans les 4 mois qui ont suivi leurs couches. Sur
ce nombre se trouvaient 4 cas dans lesquels l'enfant était
mort-né. Tous ces décès peuvent-ils être attribués à des maladies puerpérales? La proportion est bien forte pour qu'il soit
permis de le supposer. Il est probable que plusieurs ont succombé, peu de temps après leurs couches, à des maladies autres que les maladies puerpérales, telles que l'anémie, l'hydropisie, etc., aggravées pendant, ou après les phénomènes criti-
ques de la parturition.

XIV. *Mariages existants. — Veufs et veuves existants.* —
A la date du 1ᵉʳ janvier 1882, 290 individus, qui sont les
seuls survivants des 836 conjoints du Maroni, ou, pour mieux
dire, des 365 hommes et des 330 femmes, soit 695 individus,
qui ont contracté les 836 mariages du Maroni.

Il y a encore à la Guyane 29 veufs dont 2 pseudo-veufs et
28 veuves dont 2 pseudo-veuves. Parmi les 117 ménages existants on en trouve 3 qui datent de l'année 1860, 2 de l'année 1864, 2 de l'année 1865, etc.

2° NAISSANCES. — MORTALITÉ DES ENFANTS.

XV. *Nombre des naissances suivant les années et suivant
les mois.* — Nous avons vu à propos de la fécondité des mariages que 403 enfants (379 nés vivants et 24 mort-nés) sont
le produit des 418 mariages contractés au Maroni du mois d'octobre 1859 au 1ᵉʳ janvier 1882. La première naissance date
du 22 avril 1861 et dans le courant de cette année 7 naissan-

[1] Cabanis. *Rapport du physique et du moral de l'homme*, p. 410.
Paris, 1844.

ces vivantes eurent lieu. Il y en eut 14 dans l'année suivante,
15 en 1863, 16 en 1864, 23 en 1865, etc. Le maximum correspond à l'année 1869 pendant laquelle sont nés 43 enfants
vivants. Viennent ensuite les années 1870 et 1871, avec chacune 32 naissances vivantes, l'année 1866 avec 31 naissances
vivantes, etc.

Je n'ai pas cru utile de classer les mariages suivant les mois
pendant lesquels ils ont eu lieu, mais j'ai eu l'idée de faire ce
classement pour les naissances. En France, et généralement en
Europe, c'est en février puis mars, puis avril et janvier, que se
rencontrent les maximums des naissances ce qui implique les
maximums des conceptions en mai, puis juin, ensuite juillet
et avril[1]. Il est facile de voir que l'influence de la brise de mai,
des effluves printanières, est aussi marquée sur la pousse des
enfants que sur la pousse des feuilles. Cette influence de la
saison est plus forte dans la campagne que dans les villes, et
plus forte dans les villes que dans le département de la Seine.

Les choses ne se passent pas au Maroni comme en France et
j'ai trouvé les naissances vivantes réparties de la manière suivante :

Janvier.	56.	Juillet.	20.
Février.	33.	Août.	36.
Mars.	33.	Septembre.	31.
Avril	25.	Octobre	33.
Mai	23.	Novembre	48.
Juin.	27.	Décembre	34.

Total 379

Les mois fournissant le moins de naissances sont avril, mai,
juin et juillet, ce qui implique les minimums des conceptions
en juillet, août, septembre et octobre. Ces derniers mois constituent la saison sèche à la Guyane. Le mois de juillet (conceptions
en octobre) a près de deux fois et demie moins de naissances
que le mois de novembre (conceptions en février). En effet, le
mois d'octobre est le mois le plus sec de la saison. C'est le
mois des chaleurs torrides où règnent les fièvres intermittentes,
les embarras gastriques et les états bilieux. L'Européen se sent
énervé ; ses fonctions digestives languissent et nous voyons qu'il
en est de même de ses fonctions génésiques.

[1] Voir Bertillon. Art. Natalité, in *Dict. encyc.*

La grande saison des pluies, qui est la saison fraîche, commence à la Guyane vers la fin de novembre et, le plus souvent, en décembre. Les mois de février, mars, avril et quelquefois mai sont les plus pluvieux. La moyenne thermométrique de ces mois est de 2 à 3 degrés inférieure à la moyenne thermométrique annuelle. La moyenne thermométrique annuelle de Cayenne étant comprise entre 27° et 28° centigrades, on voit souvent, au moment des fortes pluies du mois de février ou de mars, le thermomètre descendre à 25°, 24° et quelquefois même au-dessous. Ces variations thermiques coïncident avec des changements dans la direction du vent; la brise qui souffle presque constamment de l'est fait place au vent du nord. C'est le moment où les maladies aiguës de la poitrine frappent la race nègre avec une fréquence et une gravité extrêmes. Quant à l'Européen il bénéficie à cette époque d'un regain de vigueur; c'est un coup de fouet que la fraîcheur de l'atmosphère donne à son organisme alangui. La saison des pluies est bien établie en février; aussi est-ce le mois le plus favorable à l'Européen. Il éprouve une sensation de bien-être; ses fonctions digestives reprennent de l'activité, et du côté des fonctions génésiques ce mois exerce sur lui la même influence que le mois de mai en France. Quoique ne comptant que 28 jours, février est de tous les mois de l'année celui qui nous présente le plus de conceptions.

XVI. *Naissances illégitimes.* — Sur 100 naissances, on compte en France 7,54 naissance illégitimes, en Angleterre 6,1, dans le département de la Seine 26,44, en Autriche 10,8, en Belgique 7.28, etc. Tandis que chez la population libre de la Guyane, dans la ville de Cayenne par exemple, les naissances illégitimes sont beaucoup plus nombreuses que les naissances légitimes, les registres de l'état civil de Saint-Laurent-du-Maroni accusent fort peu de naissances en dehors du mariage. Plusieurs, parmi celles qu'on y rencontre sont étrangères à la population de la colonie pénitentiaire. Des femmes de race noire ou indienne accouchent quelquefois sur les *placers* où elles sont employées au lavage de l'or; ces naissances, ainsi que les décès survenus sur les *placers* du Haut-Maroni, sont déclarées à l'état civil de Saint-Laurent, le centre de population le plus rapproché. Il en est de même pour les colons hollandais de la rive gauche du Maroni et leurs employés dont les actes civil sont enregistrés à Saint-Laurent. Si nous faisons abstraction des naissances illégitimes provenant de ces différentes sources, c'est à peine si on peut en trouver un peu plus d'une demi-douzaine réellement imputables à la population de Saint-Laurent.

Malgré la surveillance sévère dont les femmes sont l'objet, il est arrivé 6 ou 7 fois que quelqu'une d'entre elles, sachant qu'elle était venue à la Guyane pour donner des citoyens à la colonie, n'a pas eu la patience d'attendre le mariage pour s'acquitter de ce devoir. J'ai dit que je ne me suis pas occupé de ces enfants dans mes statistiques, pas plus que des quelques autres qui sont venus de France ou qui sont nés au Maroni de parents mariés en France, avant la condamnation de leur père.

Ainsi, au Maroni, à peu près tous les enfants ont eu un *pater quem nuptiæ demonstrant.* Il n'y a rien à conclure de cet état de choses ; il est dû uniquement au système que l'on a cru devoir appliquer à la colonie pénitentiaire, système ayant pour base la tutelle et la coercition administratives.

XVII. *Naissances multiples.* — On sait que les grossesses se terminent 10 à 15 fois sur 1000 par deux naissances, 1,2 à 1,6 sur 1000 par 3 naissances et même quelquefois par un nombre de naissances supérieur à 3. L'étude de ce point de démographie a mis en lumière un fait assez curieux, dit M. Bertillon, c'est que les rapports des grossesses aux naissances multiples, très variables de nation à nation, sont au contraire très fixes, d'année en année, dans les mêmes collectivités. On semble donc autorisé à voir là un caractère ethnique, variant avec les groupes que l'on observe. Dans une succession, prise au hasard, de 15 années consécutives, M. Bertillon a trouvé que jamais les valeurs de la France et de la Belgique, par exemple, ne se rapprochent de celle de la Prusse ou de la Suède, et que dans ces deux derniers pays, bien que leurs rapports moyens soient assez rapprochés ils ne se confondent pas une seule année. Ces rapports entre les grossesses et les naissances jumelles d'après une observation de 10 années, sont pour la France 0,99 pour 100, pour l'Autriche 1,19, pour la Belgique 0,97, le Danemark 1,42, la Suède 1,44, la Prusse 1,25, etc.

La population du Maroni a fourni 5 naissances doubles sur 398 grossesses, ayant donné, avec les morts-nés, 403 naissances ; c'est un rapport de 1,25 pour 100, soit le rapport de la Prusse qui est un peu supérieur au rapport présenté par les naissances françaises.

La première grossesse gémellaire observée en 1868 a donné 2 filles; l'une était mort-née, l'autre mourut 5 jours après. La seconde grossesse gémellaire a donné le jour à deux filles qui sont encore vivantes. La troisième a encore donné 2 filles, mortes, l'une à l'âge de 15 jours et l'autre à l'âge de 1 mois. De la quatrième grossesse multiple sont nés 2 jumeaux morts à l'âge de 1 mois et demi et de 2 mois. Enfin la cinquième a donné 2 enfants du sexe féminin dont un mort-né et l'autre mort deux heures après l'accouchement. Ainsi 4 fois sur 5 les deux enfants étaient du sexe féminin; une fois seulement ils étaient tous les deux du sexe masculin. Il n'y a pas eu de cas donnant un enfant de chaque sexe.

Les combinaisons sexuelles des naissances jumelles ont été étudiées; elles ne paraissent pas moins constantes dans un même groupe ethnique que le rapport de fréquence de ces naissances aux grossesses générales. Le nombre de jumeaux nés au Maroni est trop restreint, les résultats que nous fournissent le rapport des naissances doubles aux grossesses générales et la combinaison des sexes ont trop de chances d'être dues au hasard d'une série pour que nous nous arrêtions à établir une comparaison entre ces données et les données générales de la statistique européenne.

XVIII. *Mortinatalité.* — Le produit de la conception expulsé sans vie du sein maternel prend le nom de mort-né, lorsqu'il est viable, c'est-à-dire, assez développé pour être apte à la vie indépendante. On est généralement d'accord pour n'attribuer cette qualité qu'à un fœtus âgé de plus de 6 mois. Avant cet âge le produit expulsé prend le nom d'avorton. Au sixième mois de la conception la taille du fœtus est généralement au-dessus de 25 centimètres. On l'appelle *mort-né*, qu'il soit mort avant ou pendant l'accouchement, mais il cesse d'être mort-né dès qu'il a vécu après l'accouchement, c'est-à-dire, dès qu'il a respiré ne serait-ce que quelques minutes.

Il s'en faut de beaucoup que l'on applique partout et toujours dans les actes de l'état civil à la dénomination de *mort-né* le sens scientifique et précis qu'a ce terme en médecine légale. Le sens de ce mot varie avec les pays; en France notamment, les documents officiels appellent improprement mort-nés, non seulement les vrais *mort-nés*, mais encore tous les nouveau-nés, qui, nés vivants, sont morts avant leur inscription sur les registres de l'état civil. La loi accorde 3 jours pour la déclaration des naissances et cette formalité a lieu généralement dans le courant du second ou du troisième jour après l'accouchement ; tout nouveau-né qui succombe avant ce temps est inscrit sur le registre des mort-nés. En outre, souvent un fœtus présenté sans vie, serait-ce un avorton de moins de six mois, est inscrit comme mort-né, surtout dans les grandes villes où l'on ne sait que faire de son cadavre.

Cet état de choses fâcheux, dit M. Bertillon, frappe d'inexactitude la démographie comparée des nations, pourtant si instructive, car le défaut de détermination uniforme des mort-nés ne permet guère d'établir une comparaison entre les données fournies par les documents officiels des différentes nations relativement à la mortinatalité. Heureusement dans quelques pays, comme la Suède et la Norvège, on fait le relevé des mort-nés en attachant à ce mot sa vraie signification scientifique. En Belgique de 1841 à 1866, soit pendant une période de 25 ans, lors de l'inscription des enfants dits improprement mort-nés par l'état civil, on a classé séparément ceux qui ont succombé, avant, pendant, ou après l'accouchement. Cette analyse a permis de connaître la proportion des véritables mort-nés. Sur 100 enfants déclarés comme mort-nés à l'état civil il y a 22,3 faux mort-nés et 77,7 vrais mort-nés. On ne peut douter, ajoute M. Bertillon, que ces rapports ne s'appliquent également à la France et ne nous permettent de déterminer la proportion des vrais mort-nés dans notre pays.

Je suis heureux de reconnaître qu'au point de vue qui nous occupe l'officier de l'état civil du Maroni a rempli ses fonctions d'une manière irréprochable, le terme mort-né a toujours reçu la signification qu'il possède en médecine légale. En effet, j'ai trouvé sur les registres des naissances plusieurs nouveau-nés morts quelques heures ou quelques instants après l'accouchement. Les vrais mort-nés ne sont inscrits ni sur les registres des naissances, ni sur un registre spécial ; ils figurent seulement sur les registres des décès. Mais si l'on n'a pas confondu les mort-nés avec les nouveau-nés morts peu après l'accouchement, n'a-t-on pas fait servir quelquefois les avortons à augmenter le nombre des mort-nés ? Je ne le pense pas. Presque toutes les femmes du Maroni ont accouché à l'hôpital ; c'est là aussi que plusieurs ont avorté. Il est permis de supposer que le médecin du pénitencier a été appelé plus d'une fois, dans les cas douteux, à donner son avis sur l'opportunité de l'inscription ou de la non-inscription sur les registres de l'état civil.

Maintenant disons un mot des mort-nés du Maroni et comparons leur rapport aux naissances générales (mort-nés compris avec ces mêmes rapports chez les nations européennes).

J'ai déjà eu occasion de dire que sur 403 naissances on a observé au Maroni 24 mort-nés. C'est un rapport de 5,955 pour 100. En France le rapport des mort-nés aux naissances générales (mort-nés compris) est, avec la correction dont j'ai déjà parlé plus haut, 3,44 pour 100, en Belgique 3,59, en Norvège 3,62 (rapport donné par les documents officiels qui n'ont pas besoin de subir une correction), en Suède 5,27, en Danemark 3,89, etc.

En France, la proportion des enfants dits mort-nés par l'état civil (dont 22,3 pour 100 sont des faux mort-nés) est de 4,43. Avec la correction nous venons de voir que cette proportion tombe à 3,44.

Les deux sexes ne sont pas également représentés parmi les mort-nés du Maroni ; il y a 13 garçons et 11 filles. C'est de la même manière, ou à peu près, que les choses se passe normalement. Les mort-nés du sexe masculin sont toujours plus nombreux que les mort-nés de l'autre sexe : 136 garçons pour 100 filles (Belgique). Ce fait est dû à plusieurs causes dont la principale est le volume plus grand des enfants mâles et par suite la difficulté plus grande de leur expulsion, c'est-à-dire les cas plus nombreux de dystocie déterminés par les garçons.

La mortinatalité change suivant l'état civil des enfants (légitimes ou illégitimes) et elle est fortement aggravée; surtout en France, chez les illégitimes. Dans notre pays elle est de 3,215 pour les enfants légitimes et de 6,2 pour les illégitimes. Si nous comparons la mortinatalité des enfants légitimes en France à la mortinatalité que nous ont fournie les naissances de la colonie pénitentiaire (nous avons vu que ces naissances sont toutes légitimes) nous trouvons qu'au Maroni la mortinatalité a été presque deux fois plus forte qu'en France (3,21 — 5,95).

En parlant des naissances doubles j'ai dit que parmi les 10 enfants nés des 5 grossesses gémellaires observées au Maroni, 2 étaient mort-nés. Pour les naissances jumelles la mortinatalité est triplée en Europe, mais le nombre d'observations de naissances doubles que nous a fournies le Maroni est trop minime pour que nous nous arrêtions sur ce sujet.

XIX. *Avortements.* — Quel est le rapport numérique des avortements aux accouchements à terme dans une population normale, en France, par exemple? Il est impossible de répondre à cette question d'une façon précise. Les relevés des maisons d'accouchement ne fournissent que des résultats inexacts, car l'avortement des premiers mois n'entraîne qu'exceptionnellement l'admission des malades dans ces établissements. D'un autre côté, les avortements ne sont l'objet d'aucune déclaration à l'état civil. Aussi rien de moins étonnant que les divergences d'opinion des auteurs à ce sujet. Tandis que Mme Lachapelle n'a noté que 116 avortements sur 24 960 accouchements (1 sur 189), un relevé du dispensaire de Westminster en relate 147 sur 515 femmes grosses, Guillemot prétend qu'il y a un avortement sur 4 ou 5 grossesses, tandis que Deubel porte cette proportion à 1 sur 12 et Witehead à 1 sur 7. Pour Hufeland la proportion serait de 1 sur 10 chez les filles et de 1 sur 20 chez les femmes mariées. Ces divergences d'appréciation dépendent beaucoup des milieux où les observateurs se trouvaient placés, car la salubrité du climat, les conditions hygiéniques, l'état social, ont une grande influence sur la fréquence des avortements. Après avoir estimé à 1 sur 3 ou 4 la proportion des avortements aux accouchements à terme, le Dr C. Devilliers ajoute : « L'ignorance où l'on est le plus ordinairement des avortements qui se produisent pendant les premières semaines s'opposera toujours à ce qu'une statistique exacte de cet accident puisse être dressée [1]. »

Quant à l'époque de la grossesse où les avortements se produisent le plus fréquemment, l'observation de la plupart des auteurs désigne les 3 ou 4 premiers mois et ce fait s'explique facilement par les conditions anatomiques et physiologiques

---

[1] C. Devilliers, in *Dict. de médecine et chirurgie pratiques.* — Art. *Avortement.*

de l'ovule et de l'embryon pendant les premiers temps de la conception.

Il ne m'est pas possible de présenter une statistique exacte des avortements chez les femmes de la colonie pénitentiaire, mais je me crois en droit d'affirmer qu'au Maroni *les avortements ont été au moins aussi nombreux que les accouchements à terme.* Je n'ai passé que deux mois au Maroni et pendant ce court laps de temps je n'ai pas vu une seule naissance; en revanche j'ai été témoin d'un avortement à 5 mois chez une femme en traitement à l'hôpital pour un ulcère, et j'ai eu connaissance d'un autre avortement qui s'était produit peu de jours avant mon arrivée. Il est évident qu'on ne peut rien conclure d'une observation de 2 mois, mais il n'en est pas de même d'une observation de 10 ans. J'ai pu faire à ce sujet quelques recherches dans les rapports de mes collègues, les médecins de la marine qui ont servi au Maroni depuis l'année 1861, date des premières naissances jusqu'à l'année 1870[1].

Chaque mois le chef du service de santé du Maroni adresse au médecin en chef à Cayenne un rapport médical sur la situation de la colonie pénitentiaire. Il est évident que tous les avortements ayant eu lieu pendant le mois ne peuvent être signalés dans ces rapports. Il n'y est fait mention que des avortements survenus chez des femmes en traitement à l'hôpital ou venues pour réclamer des soins à la suite d'une fausse couche. On ne peut douter que la plupart des femmes n'aient avorté chez elles (surtout pour les avortements à quelques semaines ou à 1 mois), et que ces avortements n'aient été ignorés du chef du service de santé. Ne peut-il pas se faire aussi que le médecin du Maroni qui, dans ses rapports, ne relate la plupart du temps que les faits médicaux les plus saillants (opérations, maladies graves, nombre des décès) ait considéré quelquefois les avortements comme des événements peu importants lorsqu'ils n'avaient pas des suites graves, et, sciemment ou par oubli, ait omis de les signaler dans ses rapports mensuels? Le médecin en chef à Cayenne, dans un rapport trimestriel qu'il adresse à M. l'Inspecteur général du service de santé au ministère de la marine et des colonies,

[1] Je n'ai pu consulter les rapports de l'année 1870 à 1882.

résume les rapports mensuels des médecins placés sous ses ordres. Ces rapports trimestriels, on le comprend, ont moins pour but d'exposer des faits de détail que de donner des renseignements généraux sur l'état sanitaire de la colonie. J'ai remarqué, que bien des fois, le nombre des naissances survenues au Maroni pendant le trimestre n'y est pas mentionné, à plus forte raison doit-il en être de même pour les avortements, même lorsque les naissances sont relatées.

Ces explications étaient nécessaires pour donner une idée juste de la valeur des renseignements trouvés dans les rapports trimestriels du médecin en chef, les seuls rapports que j'aie pu consulter. Les avortements, je le répète, ne peuvent pas y être mentionnés tous.

Les premières naissances du Maroni datent du mois d'avril 1861, mais les avortements avaient déjà commencé. La colonisation de la Guyane par la transportation a débuté par 1 avortement.

Voici quelques extraits des rapports :

« Sur 19 femmes mariées, 16 sont venues pendant le trimestre réclamer des soins, soit à l'hôpital, soit à l'infirmerie. Toutes sont en proie à l'intoxication paludéenne et plusieurs sont dans un état anémique assez avancé. 3 étaient enceintes de 4 à 5 mois. Une a déjà avorté et les deux autres sont dans un triste état de santé. » (Rapport du 4e trimestre 1860.)

« Deux cas de fièvre rémittente bilieuse ont été observés dans le commencement du trimestre sur 2 femmes ; chez l'une d'elles, enceinte de 4 à 5 mois, cette affection a déterminé l'avortement. » (Rapport du 1er trimestre 1861.)

« Il y a eu pendant le trimestre 2 accouchements, 1 garçon et 1 fille, ce qui porte à 13 les enfants nouveau-nés de la transportation. Une femme a succombé aux suites d'un avortement provoqué par une fièvre grave et suivi d'hémorrhagie. » (Rapport du 2e trimestre 1862.)

« Pendant ce trimestre les femmes ont fourni deux décès. Ces deux femmes sont mortes d'hémorrhagie utérine par suite d'avortement. » (Rapport du 4e trimestre 1864.)

Dans le rapport du 2e trimestre 1865 on mentionne que 3 accouchements et 1 avortement ont eu lieu à l'hôpital.

4 accouchements et 1 avortement ont été également observés à l'hôpital dans le courant du 4ᵉ trimestre 1865.)

« 7 accouchements ont eu lieu pendant le trimestre. 3 femmes ont avorté dans les premiers mois de leur grossesse. » (Rapport du 2ᵉ trimestre 1866.)

« Il y a eu à l'hôpital dans le courant de ce trimestre 5 accouchements et 4 avortements. Cette quantité considérable de fausses couches doit être attribuée à la violence anormale des fièvres qui ont régné dans le mois de juin. » (Rapport du 2ᵉ trimestre 1867.)

4 accouchements à terme et 1 avortement de 2 jumeaux de sexe différent, âgés de 4 mois 1/2, sont signalés dans le rapport du 1ᵉʳ trimestre 1868. 8 accouchements et 2 fausses couches observés à l'hôpital sont relatés dans le rapport du 3ᵉ trimestre 1869. Le rapport du 4ᵉ trimestre de la même année mentionne également que 9 accouchements ont eu lieu à l'hôpital et que 3 enfants n'ont pas survécu.

« Nous avons eu à l'hôpital 7 accouchements et 3 avortements. Chez la première de ces femmes il y a eu expulsion d'un fœtus de 2 mois. La seconde, en traitement pour un ulcère au pied, a expulsé également un fœtus de 2 mois. Chez la 3ᵉ, l'avortement est un état, on pourrait dire, habituel, car, de son aveu, elle n'a jamais dépassé le troisième mois et c'est la quatrième ou cinquième fois qu'elle devient enceinte. » (Rapport du 1ᵉʳ trimestre 1870.)

Bien que ces extraits nous permettent de nous faire une idée de l'extrême fréquence des avortements au Maroni, j'ai tenu à avoir des renseignements directs. J'ai prié mon collègue, M. Pallardy, qui m'a remplacé au Maroni, d'interroger, sur ce point, les premières femmes qui viendraient le consulter au dispensaire du village de Saint-Laurent. Pendant les quinze derniers jours qu'il a passés sur le pénitencier, mon collègue a réuni les observations de 33 femmes interrogées au hasard, et me les a remises lors de son retour au chef-lieu. Je ne puis m'arrêter à donner en détail ces observations, je me contente de les résumer dans le tableau ci-dessous. Je le répète, mon collègue a interrogé, au hasard, les premières femmes qui se sont présentées à lui.

NUMÉRO D'ORDRE DES FEMMES INTERROGÉES	NOMBRE D'ACCOUCHEMENTS A TERME	NOMBRE D'AVORTEMENTS AVOUÉ	ÉPOQUE DE LA GROSSESSE LORS DE LA PRODUCTION DE L'AVORTEMENT
1re.	2	2	5 mois et 3 mois.
2e.	1	1	3 mois.
3e.	1	1	5 mois.
4e.	»	2	1 mois 1/2 et 4 mois.
5e.	6	1	3 mois.
6e.	1	»	—
7e.	2	»	—
8e.	2	»	—
9e.	2	»	—
10e.	6	»	- -
11e.	2	»	—
12e.	1	1	Une môle.
13e.	5	»	—
14e.	6	2	5 mois et 3 mois.
15e.	5	1	6 mois 1/2.
16e.	2	2	6 mois et 3 mois.
17e.	5	2	6 mois et 8 mois.
18e.	3	1	5 mois.
19e.	2	»	—
20e.	1	1	8 mois.
21e.	6	1	5 mois.
22e.	»	2	3 mois 1/2 et 5 mois.
23e.	»	1	7 mois.
24e.	»	»	—
25e.	»	»	—
26e.	»	»	—
27e.	»	»	—
28e.	»	»	—
29e.	»	»	—
30e.	»	»	—
31e.	»	»	—
32e.	»	»	—
33e.	»	»	—
Totaux.	61	21	

6 femmes ont eu autant d'avortements que d'accouchements à terme ; 3 ont eu 1 ou 2 avortements sans avoir jamais eu d'enfants nés à terme.

On peut se demander si les questions posées aux femmes sur ce sujet ne leur ont pas paru empreintes d'un caractère inquisitorial et si toutes ont répondu avec sincérité. Je sais par expérience que tout ce monde-là a coutume de mentir constamment, sans but, et uniquement par habitude. Une de ces 33 femmes a été prise en flagrant délit de mensonge. Elle se trouvait en traitement à l'hôpital et mon collègue l'ayant inter-

rogée sur le nombre de ses accouchements et de ses avortements, elle a répondu n'avoir jamais accouché ni avorté. Or,
la Sœur de la salle se souvenait de l'avoir vue avorter deux
fois à l'hôpital dans ces dernières années et cette femme fut
obligée de confesser la vérité. Dix femmes ont affirmé n'avoir
jamais eu ni enfants, ni avortements au Maroni, bien qu'elles
aient été constamment réglées, que la plupart le soient encore,
et que presque toutes aient eu des enfants en France. Sur ce
nombre, il n'y en a certainement pas deux qui n'aient menti
et n'aient eu des avortements.

Si l'on jette les yeux sur la colonne indiquant l'époque de
la grossesse où l'avortement s'est produit n'est-il pas étrange
de voir que sur 33 femmes, ayant fourni ensemble 21 avorte-
tements, aucune n'a avorté à quelques semaines ou à un mois,
alors que les avortements à cette époque sont si fréquents et
s'opèrent quelquefois à l'insu de la femme elle-même? A part
un avortement à un mois et demi il n'y a parmi ces vingt et un
avortements que des avortements à 3 mois, 5 mois et au delà.

Les extraits des rapports que j'ai donnés, les observations
directes que je dois à l'obligeance de mon collègue, sont-ils
suffisants pour justifier l'assertion que j'ai formulée, à savoir,
qu'au Maroni les avortements *ont été au moins aussi fréquents
que ces accouchements à terme*?

Est-il nécessaire d'insister beaucoup sur les causes de l'avortement dans les conditions où se trouvent ces femmes? « La
plupart des causes générales, toutes les causes constitution-
nelles, diathésiques, etc., agissent lentement, sourdement, sur
le produit de la conception et leur seule influence suffit pour
le faire succomber. Elles peuvent même l'atteindre dans l'acte
de la génération; l'ovule ou la semence peut déjà porter en
germe ou en prédisposition un état morbide dont les effets fu-
nestes peuvent se manifester dès les premières phases de la
vie intra-utérine[1]. » L'état morbide du père peut-il revendi-
quer une part effective dans l'arrêt de développement et la
chute de l'embryon ou du fœtus? La semence fécondante de
l'homme ne possédant pas la plénitude de ses facultés physiques, épuisé par l'âge ou la maladie, ne transmettrait-elle à
l'ovule qu'une vie éphémère? C'est possible, mais c'est surtout

---

[1] Jacquemier. *Dict. encyclop.* — Art. *Avortement.*

chez celui des parents qui fournit à l'embryon les éléments nu-
tritifs lui permettant de se développer et d'acquérir une vie
indépendante, c'est-à-dire, chez la mère qu'il faut chercher
la cause de l'avortement. Toutes les influences qui tendent à
altérer la constitution de la femme, et en première ligne, les
mauvaises conditions hygiéniques, un milieu insalubre, les
intoxications lentes ou aiguës, les maladies, deviennent des
causes déterminantes de l'avortement. Parmi les maladies, les
fièvres éruptives, la rougeole, la scarlatine et surtout la variole,
provoquent fréquemment avant terme l'expulsion de l'embryon
ou du fœtus. Il en est de même pour le choléra, la fièvre
typhoïde, la pneumonie, l'ictère grave, pour ne citer que
celles dont l'action incontestable s'appuie sur des observations
nombreuses.

L'influence des intoxications n'est pas moins établie.
M. Constantin Paul (thèse de Paris, 1861), a étudié l'action de
l'intoxication saturnine. Les femmes qui travaillent dans les
ateliers où l'on emploie des produits saturnins, font presque
toutes des fausses couches et ne parviennent pas à élever leurs
enfants. Sur 84 observations, M. Constantin Paul a vu l'intoxication saturnine chez les femmes, produire la mort du fœtus ou
la mort prématurée de l'enfant après la naissance, des fausses
couches de 3 à 6 mois, des accouchements prématurés dans
lesquels les enfants venaient morts ou mourants. Une première
série d'observations montre l'action nuisible de l'intoxication
saturnine. Les autres séries, non moins probantes, montrent la
différence des résultats des grossesses avant et après l'intoxication saturnine et l'alternance de ces résultats, suivant que la
femme vient à quitter ou à reprendre ses travaux.

M. Delpech a étudié l'influence de l'intoxication par le sulfure de carbone sur les ouvrières occupées à l'industrie du
caoutchouc soufflé. « Il est très rare que les femmes exposées à
l'influence du sulfure de carbone aient des enfants. Lorsque la
conception s'opère, presque toujours l'avortement se produit
pendant les premiers mois. » (Delpech. *L'industrie du caoutchouc soufflé*, 1863.) On ne saurait non plus élever en doute
l'influence de l'alcoolisme, ainsi que celle de l'hydrargyrisme
et de l'iodisme.

Hippocrate avait déjà observé l'action funeste des fièvres
intermittentes de la mère sur le produit de la conception.

L'action générale de l'impaludisme, ainsi que des états morbides qui en découlent, sur la fréquence de l'avortement est aujourd'hui connue. « Pour résumer en quelques mots les caractères spéciaux de l'impaludisme dans les différentes phases que suit chez la femme l'importante fonction de la génération, je dirai que cet impaludisme né sur place ou n'importe où, crée, pour la femme enceinte, et à toutes les périodes de la gestation un danger de plus d'avortement ou d'accouchement prématuré, danger que nous chercherons à expliquer plus tard par les congestions qu'il provoque dans plusieurs organes et en particulier dans l'utérus[1]. »

L'attention a été attirée snr ce sujet à propos du reproche adressé par Rayer au sulfate de quinine qui aurait, suivant lui, la propriété de provoquer l'avortement[2]. Dans la plupart des observations faites sur ce point, l'action abortive dont on a accusé le sel quinique ne devrait-elle pas être attribuée à la maladie qui a provoqué l'administration du fébrifuge, plutôt qu'au médicament lui-même?

Ce point spécial de thérapeutique n'est ignoré de personne au Maroni où tout le monde partage l'opinion de Rayer. Le sulfate de quinine est regardé comme le plus redoutable des abortifs. Je n'ai pas l'intention de discuter ici la réalité de cette propriété attribuée à la quinine ; je me demande seulement si au Maroni, plus que partout ailleurs, il n'est pas permis de supposer que l'on a raisonné d'après le *post hoc ergo propter hoc* et attribué à la quinine une action due uniquement à l'impaludisme.

On a noté encore comme cause déterminante de l'avortement, l'action des climats extrêmes. Le professeur Moreau a cité l'histoire d'une dame qui, ayant eu en France plusieurs accouchements heureux, avorta lorsqu'elle séjourna dans les iles de la Méditerranée et de l'Océan Atlantique. L'action d'un climat est le produit complet de causes diverses ; c'est une résultante dont la pureté de l'air est une des composantes les plus importantes. Parmi les nombreux éléments constituants d'un climat, température, humidité, pression barométrique, vents, tension électrique, etc., tous n'ont pas la même importance. « Il en est trois, dit M. Jules Rochard, qui dominent les autres et qui

---

[1] Duboué. *De l'impaludisme*, p. 128.
[2] Rayer. *Annales de thérapeutique*. 1845.

se les subordonnent : la température, l'humidité, la pureté de
l'air[1]. » Ce dernier élément ne peut-il pas être regardé comme
le principal, sinon l'unique agent déterminant de l'avortement, et ne peut-on pas voir dans cette action attribuée au
séjour dans les pays chauds, l'influence directe d'un milieu
paludéen ?

C'est, en dernière analyse, à l'impureté de l'air, c'est-à-dire,
à l'un des éléments constituants du climat dans lequel a vécu
la population du Maroni, que doit-être attribuée la fréquence
des avortements que nous avons constatée. Si quelques femmes
ont avorté pendant le cours de maladies aiguës, chez le plus
grand nombre l'avortement a été provoqué par l'intoxication
paludéenne et ses suites, commençant à l'anémie pour aboutir
à la cachexie.

La fréquence des avortements est évidemment l'un des facteurs les plus énergiques de l'extinction d'une race vivant dans
un milieu défavorable. Je pense que c'est là un fait qui n'a
jamais été mis en lumière ; tout au plus a-t-il été à peine soup-
çonné ! Dans le tableau qu'il a tracé des phénomènes qui se
développent successivement chez une race nouvellement dé-
placée et marchant vers l'extinction, M. Bertillon insiste sur la
mortalité des enfants et la diminution des naissances mais
sans remonter à la vraie cause de ce dernier phénomène[2]. De
son côté, M. Jules Rochard, nous signale dans le même cas,
la moindre fécondité des mariages, mais sans fournir aucune
explication analytique à ce sujet. « La moindre fécondité des
mariages, dit-il, le chiffre plus considérable des mort-nés
et surtout la mortalité qui pèse sur les premiers âges de
la vie, peuvent, même dans un pays très favorable à
l'acclimatement individuel, amener un excédent des décès
sur les naissances et l'extinction progressive d'une population qui ne recevrait aucun renfort[3]. » Je crois pouvoir
ajouter que dans un milieu où l'individu, et partant la femme
enceinte, ne trouve pas toutes les conditions nécessaires
à l'intégrité de ses fonctions physiologiques, les avorte-

---

[1] J. Rochard. in *Dict. pratique.* — Art. *Climat.*

[2] Bertillon. — Art. *Acclimatement.* — in *Dict. encyclop.* Tome 1er, p. 308
et 309.

[3] J. Rochard. Art. *Acclimatement* in *Dict. de méd. et de chir. pratiques.*
Tome I, p. 205.

ments sont extrêmement fréquents et contribuent, pour une large part, à l'extinction de l'espèce. La cause immédiate de l'avortement est ici l'impaludisme aigu ou chronique; là, ce sera l'anémie, ailleurs, la dysenterie. On pourrait comparer, dans ce cas, la femme à une plante exotique transportée dans un sol et sous un ciel qui ne lui conviennent pas. Son propre développement, c'est-à-dire sa nutrition se trouve en souffrance; ses racines n'absorbent plus tous les principes nécessaires à l'élaboration de la sève, à la production et au complet développement des fruits. C'est pourquoi ceux-ci se dessèchent et tombent avant d'arriver à maturité.

XX. *Mortalité des enfants.* — *Age des enfants décédés.* — Sur les 579 enfants de la colonie pénitentiaire nés vivants depuis le mois d'avril 1861 jusqu'au 1er janvier 1882, il y en a 258 qui sont morts, à cette dernière date. C'est une proportion de 62,79 pour 100, en ne tenant pas compte des 40 enfants qui ont quitté la colonie et dont la moitié, au moins, a, par ce moyen, échappé à une mort certaine.

Parmi les 7 enfants nés en 1861, 2 sont morts; il y en a 6 sur les 14 nés en 1862, 12 sur les 16 nés en 1864, 15 sur les 23 nés en 1865, 25 sur les 31 naissances de l'année 1866, 21 sur les 28 naissances de l'année 1868, etc. Les années le plus fortement frappées sont l'année 1872 qui, sur 11 naissances, compte 9 décès à la date du 1er janvier 1882, et l'année 1874, qui, sur les 14 enfants qu'elle a vus naître, en compte 12 décédés au 1er janvier 1882.

Pendant l'année 1867 on a compté 26 décès d'enfants et 28 naissances seulement. Pendant l'année 1871 il y a eu 34 décès d'enfants et 32 naissances. L'année 1872 a donné 15 décès d'enfants et 11 naissances. Mais l'année la plus meurtrière pour les enfants est l'année 1874, avec 40 décès et 14 naissances seulement.

En résumant toutes les données comparatives que j'ai recueillies sur la mortalité enfantine, je dirai que, pendant la première année de la vie, la mortalité des enfants du Maroni a été presque deux fois plus forte que la mortalité des enfants légitimes en France, que pour les enfants âgés de 1 à 2 ans, la mortalité au Maroni a dépassé le double de la mortalité générale (légitimes et illégitimes) des enfants du même âge en France, que pour les enfants âgés de 2 à 3 ans, la mortalité a

été dans la colonie pénitentiaire plus de 5 fois plus forte que
la mortalité générale des enfants du même âge en France ;
qu'enfin au Maroni, pour les enfants âgés de 5 à 4 ans a été
presque le triple de la mortalité en France.

XXI. *Causes des décès des enfants.* — Pour des raisons
que j'ai déjà expliquées, il n'existe pas de documents permettant de dresser une statistique exacte des maladies qui ont fait
peser sur les enfants de la colonie pénitentiaire une si grave
mortalité. Cependant nous pouvons, dans une certaine mesure,
suppléer à ce manque de documents. Les maladies auxquelles
ont succombé ces enfants sont peu variées et il en est une qui,
à elle seule, a causé trois fois plus de décès que toutes les
autres réunies. Les rapports des médecins de la marine, détachés au Maroni suffisent pour nous éclairer à ce sujet. Quelques-uns de ces enfants sont morts par suite de maladies
aiguës de la poitrine, de catarrhes intestinaux, etc. ; il y en a
qui ont été enlevés par le muguet, quelquefois même par le
carreau, mais la grande majorité des décès est due à un état de
faiblesse congénitale, à une sorte de cachexie, produit de l'action d'un milieu insalubre et surtout de l'hérédité, que les uns
ont qualifiée de *marasme* et que les autres ont appelée *anémie*.
« Les décès des enfants nés des mariages des concessionnaires
du Maroni ont tous été déterminés par l'anémie. Il y a eu
25 naissances dans l'année et 9 décès dont 8 par anémie. »
(Rapport du médecin en chef pour le 4ᵉ trimestre 1865.) Le
médecin en chef, le Dʳ Kérangal, résumant dans son rapport du
4ᵉ trimestre 1866 les observations de ses précédents rapports,
au sujet de la colonie pénitentiaire, s'exprime ainsi : « Nous
avons surtout porté notre attention sur les enfants et nous ne
pouvons que revenir sur ce que nous avons dit les années
précédentes. La plupart de ces enfants sont anémiques et ne
laissent que peu d'espoir pour l'avenir. L'époque de la denti-
tion leur est souvent fatale et s'ils viennent à franchir cette
période critique, ce n'est que pour retomber, plus tard, dans
un état anémique des plus graves. Voici du reste ce que dit
M. Ducret, médecin de 1ʳᵉ classe et chef du service de santé au
Maroni dans un de ses rapports du 5ᵉ trimestre : « Vers l'âge
de 2 ans et demi, 5 ans, ces enfants pâlissent, s'infiltrent,
deviennent, en très peu de temps, anémiques et meurent. Ceux
qui survivent ne tardent pas à devenir la proie des fièvres in-

termittentes, reviennent périodiquement à l'hôpital et il n'est pas difficile de prévoir comment ils finiront. Nous ne voulons pas dire que tous les enfants du Maroni sont dans le même état; il y a heureusement quelques exceptions; mais, en somme, cette jeune génération ne semble rien promettre de bon pour l'avenir. » (Rapport du médecin en chef pour le 4e trimestre 1866.)

La misère physiologique innée, léguée par des parents impaludés, l'action d'un milieu insalubre sur l'organisme si délicat et si impressionnable de l'enfant, telles sont les deux causes auxquelles il faut attribuer ce résultat que le docteur Ducret a exprimé dans un langage d'une vérité et d'un laconisme saisissants : Les enfants pâlissent, s'infiltrent et meurent.

XXII. *Mortalité comparée des enfants blancs et des enfants d'autres races.* — Nous devons tirer de cette étude tous les enseignements qu'elle est capable de nous donner. C'est pour cela que j'ai fait quelques recherches comparatives sur la mortalité des enfants appartenant aux autres races et particulièrement à la race noire. Mais il est nécessaire, auparavant, d'entrer dans quelques détails sur la fécondité des mariages dont les deux conjoints n'étaient pas Européens. Ce sujet, dont je n'ai rien dit à propos de l'étude de la fécondité des mariages en général, est intimement lié à la question qui nous occupe et il convient de l'aborder ici.

Des 4 mariages d'Européens avec des femmes noires un seul a eu un enfant et cet enfant était mort-né. Les 3 autres, ainsi que le mariage contracté entre un nègre et une femme européenne, ont été stériles.

Les 19 mariages dont les 2 conjoints étaient de race noire ont présenté 10 mariages féconds fournissant ensemble 19 enfants.

Les 3 mariages entre hommes arabes et femmes européennes, quoiqu'ayant pu avoir des enfants puisqu'ils ont duré plusieurs années, ont été stériles tous les trois [1].

---

[1] Un quatrième mariage entre un Arabe et une femme européenne a été contracté en 1877 aux Iles-du-Salut où ce ménage est établi. Ce mariage est un des deux ou trois mariages entre transportés, contractés ailleurs qu'au Maroni et par conséquent ne figurant pas dans mes statistiques. Ce quatrième mariage entre Arabe et femme européenne a donné 2 enfants.

Sur les 13 mariages entre hommes et femmes arabes, un seul, contracté en 1878, a donné un enfant ; il est vrai que les 12 autres mariages ayant eu lieu à la fin de l'année 1881, on ne peut pas leur reprocher de n'avoir pas encore eu de descendance.

L'unique mariage contracté entre un Européen et une femme appartenant à une tribu de Galibis a donné 1 enfant.

Le mariage contracté en 1875 entre un Chinois et une femme noire a été stérile, ainsi que le mariage contracté en 1868 entre un Indien et une femme noire.

Sur les 5 mariages entre nègres et femmes indiennes 1 seul a été fécond et a donné 2 enfants, Enfin des 5 mariages entre Indiens et Indiennes 2 seulement ont été féconds et ont donné ensemble 5 enfants.

Nous avons vu que la moyenne générale d'enfants nés vivants par mariage (ce qui est sensiblement la moyenne des mariages européens qui forment la grande majorité) a été de 0,90. Les 51 mariages dont les deux conjoints ne sont pas Européens n'ont donné que 26 enfants nés vivants soit une moyenne de 0,50 d'enfant, par mariage. Il est vrai que ces mariages ont eu une durée moyenne inférieure à la durée moyenne des mariages entre Européens et Européennes. Même en retranchant les 12 mariages arabes contractés en 1881 nous trouvons que les 59 mariages qui restent n'ont eu qu'une moyenne d'enfant de 0,66. Mais si nous considérons seulement les mariages entre deux conjoints de race noire, nous trouvons que les 19 mariages de cette espèce ont donné 19 enfants soit un enfant par mariage en moyenne [1].

Les mariages croisés ont été en grande partie stériles, quoique tous aient eu une durée suffisante pour avoir des enfants. Sur 14 mariages de cette espèce, 11 ont été stériles. Les 3 autres ont eu : le premier (Européen et femme noire) un mort-né ; le second (Européen et femme peau-rouge) un seul enfant ; le troisième (nègre et Indienne) 2 enfants. C'est une moyenne d'enfants nés vivants de 0,21 par mariage. La proportion des mariages stériles ralativement à la totalité des mariages étant pour l'ensemble de la colonie péniten-

[1] Il faut remarquer que sur ces 19 mariages il y en a 17 ne remontant pas au delà de l'année 1875. De plus 6 ménages noirs ont quitté la colonie en 1880 ou au commencement de l'année 1881.

tiaire 51,4 pour 100, est pour les mariages croisés 78,57 pour 100.

Les mariages entre conjoints de race noire, quoique observés pendant moins de temps, en moyenne, que les mariages entre conjoints européens, ont été plus féconds que ces derniers, puisqu'ils ont donné une moyenne de 1 enfant par mariages, la moyenne pour les mariages européens étant sensiblement de 0,90 d'enfant par mariage. Encore faut-il tenir compte de cette circonstance que les ménages noirs se trouvent dans des conditions hygiéniques moins avantageuses que les mariages européens, surtout au point de vu de l'alimentation.

Examinons maintenant la mortalité comparée des enfants blancs et des enfants d'autres races. Sur 353 enfants blancs nés vivants, 117 sont morts dans la première année de la vie, soit 33,14 pour 100, tandis que sur 26 enfants appartenant aux autres races (races pures ou croisées) 4 seulement sont morts avant d'avoir un an révolu, soit 15,38 pour 100. La différence est encore bien plus forte si nous ne prenons que les enfants noirs. Sur 19 négrillons, 2 seulement sont morts dans le courant de la première année d'existence, soit 10,52 pour 100. C'est à peu près la moyenne en France des enfants surveillés par la Société protectrice de l'enfance

Certes, le nombre d'enfants noirs qu'il m'a été donné l'observer est beaucoup trop restreint pour qu'on soit autorisé à accorder à ces résultats une valeur qui ne leur appartient pas d'une manière absolue. Cependant je crois qu'une statistique portant sur des nombres plus considérables ne donnerait pas des résultats bien différents. Je suis convaincu aussi que la comparaison que ces données, quoique basées sur des nombres restreints, nous permettent d'établir, ne manque pas d'intérêt et a une portée très significative.

XXIII. *Enfants partis de la colonie.* — Comme nous l'apprennent nos relevés statistiques, 40 enfants, 22 garçons et 18 filles, ont quitté la colonie à la date du 1er janvier 1882. Le maximum des départs correspond à l'année 1876. Cette année-là, les Jésuites en quittant la colonie pénitentiaire, ont emmené avec eux un certain nombre d'enfants, et les ont placés en France dans divers établissements. Parmi ces enfants quelques-uns étaient orphelins, d'autres avaient leurs parents qui ont consenti à se séparer d'eux. 4 filles parties pour la France en 1876 sont retournées au Maroni chez leurs parents dans le courant de l'année 1881. Il est bien entendu que ces 4 filles ne sont pas portées sur la liste des enfants partis; elles figurent sur la liste des enfants existants.

Le plus grand nombre des enfants partis de la colonie ont été emmenés par leurs parents en France, à Martinique ou ailleurs. Cependant, indépendamment de ceux qui ont été emmenés en France par les Jésuites il y en a encore quelques-uns, qui, devenus orphelins au Maroni, ont été appelés en France par la famille de leur père ou de leur mère. Un autre ayant ses parents au Maroni a été placé en France à l'établissement de Mettray, Enfin, un tout jeune enfant a été emmené on ne sait où par ses parents évadés.

Au point de vue de la race, les 40 enfants partis se divisent en 5 enfants noirs (2 garçons et 3 filles) et 35 enfants blancs. Le plus âgé des enfants noirs avait 4 ans lorsqu'il a quitté la Guyane.

Le tableau qui suit nous indique, avec la division par sexe, l'âge des enfants au moment de leur départ.

AGE DES ENFANTS AU MOMENT DE LEUR DÉPART DE LA COLONIE

AGES	GARÇONS	FILLES	TOTAL
Moins de 1 an.	1	»	1
de 1 à 2 ans	4	2	6
de 2 à 3 ans	2	»	2
de 3 à 4 ans	1	2	3
de 4 à 5 ans	»	2	2
de 5 à 6 ans	1	1	2
de 6 à 7 ans	1	2	3
de 7 à 8 ans	»	»	»
de 8 à 9 ans	2	1	3
de 9 à 10 ans	1	3	4
de 10 à 11 ans	1	1	2
de 11 à 12 ans	3	»	3
de 12 à 13 ans	1	.	1
de 13 à 14 ans	3	2	5
de 14 à 15 ans	1		3
Totaux.	22	18	40

Je n'ai sur les enfants partis de la Guyane aucun renseignement. L'état physiologique ou pour mieux dire pathologique dans lequel se trouvent la plupart des enfants qui existent au Maroni et dont nous allons nous occuper bientôt, est le résultat de deux influences, le produit de 2 facteurs : l'hérédité et l'action du milieu. Quelle est la part respective de chacun de ces deux agents? Des renseignements précis sur l'état des enfants qui, ayant subi l'influence de l'hérédité, se sont soustraits, par le départ, à l'action du milieu, seraient nécessaire pour résoudre cette question. En basant mon opinion sur l'observation de 4 ou 5 enfants qui nés au Maroni, ont passé plusieurs années en France et sont ensuite revenus à la Guyane, je pense qu'il faut faire à l'influence de l'hérédité une part au moins aussi considérable qu'à l'action du climat.

XXIV *Enfants existants.* — *Enfants au-dessous de* 10 *ans.* — Nous savons que sur 379 enfants nés vivants, 238 sont morts et 40 sont partis; il reste par conséquent dans la colonie à la date du 1er janvier 1882, 101 enfants vivants, 50 garçons et 51 filles.

En les classant au point de vue de la race je trouve 12 enfants (7 garçons et 5 filles) nés de père et de mère noirs. L'aîné des enfants noirs, qui est un garçon, est né en 1869 et aura par conséquent 13 ans dans le courant de l'année 1882. Les autres enfants noirs auront dans le courant de l'année 1882 : 11 ans, 6 ans, 5 ans, 4 ans, etc. Les deux aînés, Louis A. et Joseph A., deux frères, sont bien constitués[1].

A côté des 12 enfants noirs il y a une petite fille de race arabe pure, née en 1880 et 5 enfants (2 garçons et 1 fille) nés de père et mère indiens en 1878, 1880 et 1881. Enfin un garçon né en 1878 de père nègre et de mère indienne. Ces enfants sont tous jeunes et je n'ai pas pris de notes sur leur état physique.

La race blanche est représentée par 84 enfants : 40 garçons et 44 filles.

---

[1] J'ai soumis à un examen attentif tous les enfants du Maroni qui fréquentent l'école, c'est-à-dire, qui ont au moins 6 ans. Ce que je vais dire de leur état physique n'est pas une appréciation vague basée sur un souvenir plus ou moins confus. Je ne fais que résumer les notes écrites prises sur chacun d'eux au moment de l'examen.

Nous pouvons diviser tous les enfants existants en 4 groupes. Le premier groupe comprendra les enfants nés depuis le 1er janvier 1877 jusqu'au 1er janvier 1882 ; les aînés de ce groupe auront 5 ans dans le courant de l'année 1882. Dans le 2e groupe seront compris les enfants nés depuis le 1er janvier 1872 jusqu'au 1er janvier 1877 ; les plus âgés de ce groupe auront 10 ans dans le courant de l'année 1882. Le 3e groupe comprendra les enfants nés depuis le 1er janvier 1867 jusqu'au 1er janvier 1872 ; les aînés auront 15 ans dans le courant de l'année 1882. Enfin dans le quatrième et dernier groupe nous ferons entrer tous les enfants nés depuis le mois d'avril 1861 jusqu'au 1er janvier 1867 ; les aînés de ce groupe qui sont les aînés de la colonie pénitentiaire, auront 21 ans dans le courant de l'année 1882.

Premier groupe. — (Nés du 1er janvier 1877 au 1er janvier 1882). Ce groupe comprend 16 enfants blancs (7 garçons et 9 filles). Avec les 7 garçons et les 7 filles de race noire, indienne, arabe, dont j'ai parlé plus haut, ils forment un total de 30 enfants, seuls survivants des 50 enfants nés dans la période 1877-82. Sur les 20 qui manquent 6 sont partis de la colonie et les 14 autres sont décédés. Je n'ai pas pris de renseignements individuels sur chacun de ces 16 enfants. Je les ai vus, pour la plupart, à l'hôpital atteints de conjonctivite, d'anémie. de fièvre, etc. Plus d'un, parmi eux, est destiné à pâlir, s'infiltrer et mourir.

Deuxième groupe. — (Nés du 1er janvier 1872 au 1er janvier 1877). Ce groupe comprend 14 enfants blancs (9 garçons et 5 filles). Avec un garçon de race noire né en 1876, ils forment les 15 survivants des 60 enfants nés dans le période 1872-77. Les 45 qui manquent sont tous morts, sauf 4 qui ont quitté la colonie.

Parmi les 9 garçons, 3 présentent à un degré considérable le cachet de la dégénérescence : développement inférieur à leur âge, teint cachectique, etc. Deux surtout, les nommés André R. et Louis F., sont destinés à s'infiltrer et mourir à bref délai. Chez 4 autres, la dégénérescence est un peu moins marquée. Quant aux deux derniers, assez bien constitués pour leur âge, ils présentent seulement le teint pâle et maladif de l'anémie tropicale.

Sur les 5 filles, deux chétives et une troisième très ché-

tive, offrent des signes manifestes de dégradation physique.
Elles n'ont pas acquis tout le développement qu'elles de-
vraient avoir à leur âge. Les deux autres sont seulement ané-
miées.

XXV. *Enfants au-dessus de* 10 *ans.* — *Troisième
groupe* (nés du 1er janvier 1867 au 1er janvier 1872). Ce
groupe comprend 54 enfants blancs (14 garçons et 20 filles).
Avec 2 garçons noirs nés en 1871 et en 1869, les nommés
Louis A et Joseph A dont j'ai déjà parlé, ils constituent les
56 survivants des 163 enfants nés dans la période 1867-72.
Sur les 127 qui manquent, 10 ont quitté la colonie et les
117 autres sont morts.

Plus les enfants que nous avons à examiner sont avancés en
âge, plus l'influence nuisible du climat et de l'hérédité a
aggravé la marque de dégénérescence dont toute cette descendance est frappée. Perceptible déjà sur les enfants ayant
moins de 8 ou 10 ans, la déviation vicieuse du type, la déformation mi-partie congénitale et mi-partie acquise de l'être
humain, va en s'accentuant et devient manifeste sur les enfants de 12 à 15 ans, mais surtout sur les garçons. Cette
dégradation physique, tous les garçons la présentent à un
degré plus ou moins fort. On ne peut pas dire qu'il y en a
quelques-uns qui sont seulement anémiés ou malades; ils
sont dégénérés. Les modifications subies par leur organisme
ne sont pas passagères et provisoires, elles sont persistantes
et définitives. Ces enfants représentent une déviation du type
spécifique, une variation morbide. « Il est, dit M. C. Davaine[1], d'autres conditions des variations qui nous paraissent plus prochaines et qui sont plus palpables, ce sont des
conditions de santé des procréateurs dont les causes bien
connues des médecins, frappent les yeux même du vulgaire.
Ces conditions amènent la dégradation physique et morale
des êtres qui s'y trouvent longtemps exposés, dégradation
qui se transmet à leur descendance avec des caractères particuliers. Ces caractères constituent des types nouveaux qui
ont été appelés *variétés maladives ou variétés dégénérées.* »
(B. A. Morel, *Traité des dégénérescence physiques intel-
lectuelles et morales de l'espèce humaine.* Paris 1857. Id.

---

[1] C. Davaine. — Art. *Monstres.* — In *Dict. encyclop.*

De la formation du type dans les variétés dégénérées. Paris
1764).

Ces modifications de l'organisme, ces déviations du type
normal qui caractérisent une variété maladive ou dégénérée
sont amenées par des causes nombreuses. A côté de l'alcoolisme, l'ergotisme, le saturnisme, l'intoxication lente par le
mercure, le phosphore, la privation d'air et de lumière, certaines influences encore mal connues des vallées montagneu-
ses, les excès de tout genre, le travail excessif dans les mines
et les manufactures, il convient de citer l'impaludisme et cet
ensemble de causes, agissant synergiquement, dont l'impaludisme fait le principal fond, mais dont il n'est pas l'unique
élément, et que l'on appelle *action d'un climat défavorable,
non-acclimatement.* « Toutes ces causes amènent chez les individus qui y sont longtemps soumis une altération progressive
de l'organisme, une véritable dégradation qui ne permet plus
le retour aux conditions primitives de la santé. Et cette dégradation, bien qu'elle se manifeste avec des caractères généraux pour les êtres qui en sont atteints, cette dégradation, di-
sons-nous, se montre avec des caractères particuliers suivant
chacune des grandes causes qui l'ont amenée. Les des-
cendants de ces individus misérables participent de la condition de leurs procréateurs ; ils apportent en naissant le stigmate de la cause dégradante qui a frappé leurs parents et
nous présentent les *types dégénérés des variations morbides*
(Morel). »

« Chez ces êtres dégradés, la physionomie offre rarement
l'harmonie et la régularité qui constitue la beauté physique.
La tête est trop volumineuse ou trop petite, irrégulière dans
la forme ; le front est bas et fuyant ; l'occiput est applati ; les
pariétaux trop saillants ; les oreilles mal implantées et diffor-
mes ; les mâchoires supérieures grandes ; le nez élargi ; les
lèvres grosses et saillantes ; la face irrégulière ; la physionomie ingrate ; les membres supérieurs et inférieurs disproportionnés ; l'attitude du corps mal équilibrée [1]. »

Tous ces caractères généraux se retrouvent dans les *variations morbides* reconnaissant pour cause le *non-acclimatement.* Parmi les caractères les plus accusés et les plus frap-

---

[1] Davaine. — *Loc. cit.*

pants, je citerai : la petitesse extrême de la taille comme nous
allons en juger par l'examen des deux aînés des enfants mâles
du Maroni, l'état tout particulier de la peau qui est flasque,
exsangue, souvent œdématiée et présente une teinte terreuse, l'atrophie presque complète des organes génitaux. Je
n'ai pas rencontré d'hydrocéphales, la microcéphalie m'a
paru être la règle constante et l'idiotie en est souvent la conséquence. Enfin, la moitié de ces enfants possèdent quelque
infirmité.

Les 14 garçons composant le groupe de 10 à 15 ans présentent tous, quoique à des degrés divers, les caractères de dégénérescence dont il vient d'être question. Chez 3 ou 4 à peine
la déformation physique et l'altération organique sont, si je
puis m'exprimer ainsi, simples et régulières. Ils sont inférieurs en taille et en développement aux enfants de leur âge,
leur peau offre la teinte terreuse caractéristique mais ils sont
exempts des maladies chroniques et des infirmités dont les
autres sont atteints pour la plupart. Parmi ces enfants chez
qui la dégénérescence se complique d'une infirmité ou d'une
maladie je citerai : le jeune Auguste Hal....., né en 1870,
hydropique, ayant déjà subi une demi-douzaine de ponctions
abdominales ; le jeune Ba... Henri, né en 1871, qui n'en est
encore qu'à la deuxième des trois étapes tracées par le docteur Ducret, *l'infiltration*, et qui marche à grands pas vers la
troisième ; le jeune Ba... Dominique, frère du précédent, né
en 1869, atteint d'éléphantiasis et de claudication du pied
droit. Je nommerai aussi le jeune Ba... Victor[1], né le 8 jan-

---

[1] Cet enfant est décédé le 31 juillet 1882. Je place ici son observation clinique.

EXTRAIT DU RAPPORT DU MOIS DE JUILLET 1882, ADRESSÉ AU MÉDECIN EN CHEF PAR LE
DOCTEUR RANGÉ, MÉDECIN DE 1re CLASSE ET CHEF DU SERVICE DE SANTÉ AUX ILES-DU-
SALUT.

..... Le décès a été fourni par l'un des enfants dont je vous parlais dans mon
précédent rapport Les symptômes bizarres qu'il a présentés m'engagent à vous
transcrire ici quelques lignes de l'observation que j'ai recueillie.

Ba..., Victor, envoyé du Maroni en convalescence aux Iles-du-Salut.

A son entrée on constate une maigreur extrême, une décoloration complète de
la peau et des muqueuses. Cet enfant n'a pas la force de se tenir sur ses jambes
qui fléchissent sous son poids (22 kilogr.). Les pieds sont le siège d'un œdème dur,
sorte de sclérodermie locale, qui date d'une année environ. Les orteils sont dé-

vier 1868, le digne aîné des deux frères que je viens de citer, atteint d'un éléphantiasis considérable des deux membres inférieurs. Je nommerai encore le jeune Jon... (Émile), né le 4 janvier 1867, qui à l'âge de 15 ans passés, possède la taille d'un enfant de 8 ans, cachectique, rachitique, hydropique, éléphantiasique, paralytique, atteint d'atrophie musculaire et d'idiotie, arrivé au dernier degré de la misère physiologique et de l'adynamie, le type de la dégénérescence humaine le plus parfait que l'on puisse imaginer[1]. Il faudrait les citer tous, par leur nom, ces êtres cacochymes, bien dignes d'exciter

formés, les jambes et les cuisses sont d'une maigreur squelettique ; les muscles de la région postérieure de la jambe ont presque disparu. Les membres supérieurs sont dans le même état, la main est en griffe, l'atrophie des extenseurs est telle que le malade ne peut relever la main jusqu'à l'horizontale ; les côtes sont saillantes, la poitrine en carène, les lèvres un peu proéminentes ; la sensibilité est conservée partout.

Le malade ne se plaint que d'une grande faiblesse, pas de signes stéthoscopiques du côté du cœur et des poumons. Le ventre n'est pas douloureux, pas de diarrhée, l'appétit est conservé!.... Les deux testicules ne sont pas encore descendus dans le scrotum : l'un, gros comme un haricot, est à l'orifice du canal inguinal, l'autre est caché dans le trajet de ce conduit. La verge, petite, est bien conformée. Dans les premiers jours qui suivirent son entrée toutes les fonctions s'accomplissaient bien. Le régime institué consistait en douches, faradisation et toniques sous toutes les formes.

Comme intelligence, cet enfant est au dessous des enfants de son âge : il ne sait pas le nom de sa famille, il ne sait ni lire, ni écrire ; souvent il pleure sans motif.

Sous l'influence du régime, il essaie quelques pas avec des béquilles, puis peu à peu il abandonne ce soutien artificiel et marche seul. La déambulation est hésitante ; les bras comme deux balanciers inertes sont projetés en avant et en arrière, et oscillent comme deux pendules jusqu'à ce que le malade s'arrête.

Dans la deuxième quinzaine de juillet, cet enfant manifeste des goûts bizarres, sorte de pica hystérique. Il ronge l'oxyde de fer qui recouvre les montants de son lit ; il se casse deux dents à cette besogne ; la nuit on le trouve mangeant les enduits de chaux des murailles, des morceaux de pierre friable, de la terre.

Dans la dernière semaine la fièvre s'allume, il se plaint de violentes douleurs dans les membres inférieurs, surtout dans le bas-ventre.... Il y a de la diarrhée. La médication est celle des symptômes, quand le 29 juillet il est pris d'accès hystéro-épileptiformes. L'enfant qui était dans son lit, tombe à terre sans connaissance. Il n'y a pas eu de cri initial. Contractions cloniques du cou, des membres supérieurs et inférieurs ; l'œil est fixe, la bouche pleine d'écume. Les crises se succèdent à intervalles assez rapprochés dans la journée du 29 et la nuit du 29 au 30. Déjà dans la nuit du 28, on avait été obligé de le maintenir avec des couvertures pour l'empêcher de rouler en bas de son lit.

Le 30 au matin, le pouls est petit, très fréquent (110 puls.), le malade est plongé dans une torpeur dont on peut, à grand'peine, le tirer et qui reparaît dès que l'excitation étrangère cesse. La température est à 42°, le 51, même état, perte de connaissance complète ; encore quelques contractions cloniques ; le malade meurt vers 11 heures du matin.

[1] Cet enfant est décédé au mois de février 1882.

la pitié de tout homme sensible, mangeant de la terre et du plâtre[1], partageant leur temps entre l'hôpital et l'école, et remplissant plus de feuilles de clinique que de cahiers d'écriture !

Les caractères de la dégénérescence, je l'ai déjà dit, sont bien moins marqués chez les filles que chez les garçons. Sur 20 filles âgées de 10 à 15 ans, j'en ai trouvé une, la nommée Angelina G., née en 1868, qui est atteinte d'éléphantiasis, d'ascite et d'idiotie. Une autre est légèrement hydropique. 9 ou 10 sont chétives et, parmi elles, plusieurs n'arriveront pas à l'âge de 20 ans. Enfin, une huitaine, tout en présentant les symptômes de l'anémie tropicale, se trouvent dans un état physique très prospère relativement aux garçons. Nous allons voir que cette différence entre les filles et les garçons est encore plus tranchée dans le quatrième groupe.

Quatrième groupe. — (Nés du 22 avril 1861 au 1ᵉʳ janvier 1867). Ce groupe comprend 20 enfants (10 garçons et 10 filles), tous de race blanche. Ce sont les seuls survivants des 106 enfants nés dans la période 1861-67. Sur les 86 enfants qui manquent, on en compte 20 partis de la colonie et 66 décédés.

C'est dans la moitié masculine de ce groupe que nous trouvons les plus beaux spécimens de la dégénérescence du type humain. Les aînés de ce groupe sont en âge de faire des soldats ; nous allons voir quelle espèce de conscrits nous fournit la colonie pénitentiaire du Maroni.

Disons d'abord quelques mots des 10 filles de ce groupe dont 5 sont mariées à la date du 1ᵉʳ janvier 1882.

La plus jeune de ces 10 filles, la nommée Magdeleine G., est née en 1865. C'est une de celles qui ont passé 5 ans en

---

[1] On sait que l'habitude de manger de la terre est générale parmi un grand nombre de nations sauvages et principalement sous les tropiques chez les nègres et surtout les Peaux-Rouges. Ce fait est connu depuis longtemps. « Dans toutes les contrées de la zone torride, dit de Humboldt, les hommes ont un désir étonnant et presque irrésistible de manger de la terre. » Beaucoup d'enfants au Maroni sont atteints de cette perversion du sens gustatif qui a été appelé *pica* ou *malacia*. On a prétendu que les eaux de la Guyane contenant peu de sels terreux, ces enfants cherchent instinctivement les phosphates et les carbonates alcalins que leur organisme réclame. En serait-il de même des femmes enceintes qui présentent parfois cette dépravation du goût ? L'ossification des cartillages du fœtus détournerait-elle les principes terreux destinés à la nutrition de l'organisme de la mère ?

France et sont retournées à la Guyane dans le courant de l'année 1881. Malgré cela, elle ne présente pas un développement en rapport avec son âge. Je l'ai vue pour la première fois à Cayenne[1], et, bien qu'elle eût en ce moment-là 16 ans révolus, elle m'a paru avoir à peine 14 ans. La seconde, Pauline L., est née en 1864 et a passé également 5 ans en France.

4 autres sont nées en 1863. L'une d'elles, Marie R., a passé 5 années en France. Deux, sans avoir quitté la Guyane se sont mariées en 1880 avec 2 transportés et n'ont pas encore d'enfants; ce sont les nommées Marguerite G. et Annette C. Cette dernière fait partie des 33 femmes observées par mon collègue M. Pallardy; elle a avorté 2 fois[1]. Je n'ai pas de renseignements à ce sujet sur Marguerite G. La quatrième des filles nées en 1863, n'est pas mariée et habite le Maroni avec sa mère.

Deux filles de ce même groupe sont nées dans le courant de l'année 1862. La première, Marie V.. habite Cayenne. On m'a dit qu'elle avait été en France sans pouvoir me préciser le temps qu'elle y a passé. C'est certainement la mieux constituée de toutes les filles nées au Maroni; il est vrai qu'elle s'est peut-être trouvée dans de meilleures conditions de confort. Son père libéré et veuf depuis longtemps a quitté le Maroni, où l'on a voulu parquer la transportation; il est venu s'établir à Cayenne, s'est mis dans le commerce et paraît avoir réussi. Marie V. n'est pas mariée. La seconde fille née en 1862, Marie J., est mariée depuis 1877 avec un ancien militaire établi au Maroni. C'est la seule des 5 filles nées au Maroni et mariées qui ait eu des enfants. Elle a donné naissance à 2 enfants du sexe féminin; l'un né en 1879 est mort à l'âge de 36 jours; l'autre né en 1880 est vivant. Marie J. fait aussi partie des 33 femmes observées par mon collègue. Indépendamment de ses 2 accouchements à terme, elle a avorté 2 fois.

Enfin les 2 dernières des 10 filles de ce groupe Marie Y. et Joséphine G., nées en 1861, sont mariées, toutes les deux, avec des transportés, l'une depuis 1877, l'autre depuis 1878. Ni l'une, ni l'autre n'a encore eu d'enfant.

Cette stérilité des filles du Maroni mérite d'être remarquée.

---

[1] Je viens d'apprendre qu'Annette C. femme B. est morte dans le courant du mois de juillet 1882 par suite d'anémie et de misère physiologique, un mois après son second avortement.

Ces filles, quoique frappées à un degré beaucoup moins moindre que les garçons du stigmate de la dégénérescence, ont subi l'influence du climat et sont toutes plus ou moins cachectiques. Ont-elles éprouvé du côté du système génital quelques-uns des troubles physiques et physiologiques dont sont atteints les enfants mâles ? La menstruation, cette fonction si importante des organes génitaux de la femme, s'est-elle établie chez ces filles régulièrement et à l'âge normal ? Ce sont là des questions auxquelles je ne suis pas à même de répondre:

Parmi les 10 garçons du quatrième groupe, 2 sont nés en 1866, 3 en 1865, 2 en 1864, 2 en 1862 et 1 en 1861. Je ne pourrais que répéter à leur propos ce que j'ai dit du groupe précédent. Tous portent les traces plus ou moins profondes du sceau de la dégénérescence physique et doivent être classés dans les variétés maladives de l'espèce humaine. Parmi les plus atteints je citerai : André C., né en 1866 ; Alfred G., né en 1866 ; Pierre G., né en 1865 ; Aristide B., né en 1865, etc. Les aînés de ces 10 garçons se nomment Lac... Jacques, né le 19 septembre 1861 ; Bru.... Joseph, né le 22 février 1862 ; Choi... Louis, né le 18 juin 1862. Le premier doit avoir 21 ans, les 2 autres 20 ans, dans le courant de l'année 1882.

Je n'ai jamais eu occasion de voir le nommé Bru.... Joseph. Pendant que j'étais au Maroni, il se trouvait à Cayenne. Depuis mon retour au chef-lieu de la colonie j'ai essayé de le voir et j'ai demandé de ses nouvelles. On m'a dit d'abord qu'il était parti pour France ; on m'a appris ensuite qu'il était retourné au Maroni avant de quitter la Guyane. J'ignore s'il est encore dans la colonie. D'après les renseignements que diverses personnes m'ont donnés sur son compte, il est digne de faire avec Jacques Lac... et Louis Choi... un trio parfaitement homogène.

Voici quelques données anthropométriques et quelques détails sur l'état physique de chacun de ces deux derniers enfants :

Lac... Jacques est né le 19 septembre 1861. Il est le troisième des enfants nés des transportés mariés au Maroni. Le premier a été un garçon mort à l'âge de 2 ans 1/2. Le second a été une fille qui est partie pour France. Le troisième a été Lac... Jacques qui est actuellement l'aîné de tous ces enfants.

Données anthropométriques :

Taille	1ᵐ,28
Poids	28ᵏ·
Circonférence thoracique (au niveau des mamelons) . .	0ᵐ,625
Circonférence occipito-frontale maxima.	0ᵐ,505
Circonférence du cou à la partie moyenne	0ᵐ,250
Circonférence du bras à la partie moyenne.	0ᵐ,155
Circonférence de la cuisse à la partie moyenne . . .	0ᵐ,320

Ces mensurations ont été prises le 12 décembre 1881 ; Lac...
avait par conséquent 20 ans et 3 mois moins quelques jours.

Le facies est difforme ; la peau est pâle-grisâtre, exsangue,
flasque en certains endroits, bouffie à la face et aux membres
inférieurs. Les jambes légèrement infiltrées à l'état normal deviennent œdémateuses après la moindre marche. Les organes
génitaux sont atrophiés ; le pénis est très petit, semblable au
pénis d'un enfant de 2 ans ; les testicules incomplètement descendus, sont à peine perceptibles à la palpation et à peu près
du volume d'un haricot moyen. D'après son aveu, il n'a jamais eu de désirs vénériens et n'a nullement l'intention de se
marier pour donner des enfants à la colonie. Pas de barbe ni
de poils au pubis ni sous l'aisselle.

L'intelligence est très inférieure et touche à l'idiotie. Depuis
l'âge de 6 ans jusqu'à l'âge de 17 ans, c'est-à-dire pendant
11 ans, il a fréquenté l'école et passé ses vacances à l'hôpital.
Je me suis assuré qu'il connaît à peine les rudiments de la
lecture et de l'écriture ; il n'a pu me faire une simple opéra-
tion d'arithmétique, une soustraction pas plus qu'une multi-
plication.

Son père, encore vivant, est originaire du département du
Lot et âgé actuellement de 57 ans. Il est de taille moyenne et
se porte aussi bien qu'on peut se porter après 28 ans de séjour à la Guyane. Il s'est marié en 1860 à l'âge de 36 ans avec
Igonie L., âgée de 28 ans, originaire du département de Vau-
cluse et mère de Jacques Lac.... « Plutôt petite que grande,
mais bien constituée » ; elle a eu 4 enfants dont Lac... Jacques est l'aîné et le seul survivant. Elle est morte en 1868 « à
la suite de couches ». Lac... père s'est remarié en 1868 avec
Marie B. âgée de 21 ans. Tous les deux sont encore vivants.

Le père de Lac... Jacques me disait pendant que j'exami-
nais son fils : C'est étonnant. Cet enfant a toujours été bien

soigné. Il n'a jamais eu de maladie grave; il a bien un peu la
fièvre de temps en temps, mais ça ne dure pas. Il mange assez
bien, ne travaille pas, car il est incapable de rien faire, et
malgré cela il ne grandit pas. Il est vrai que les autres sont
comme lui, mais enfin, il est leur aîné à tous et il devrait
pousser un peu plus vite qu'il ne fait. Je n'y comprends rien.
Ne pensez-vous pas qu'il y aurait une fortune à faire en allant
en France le montrer dans les foires..... malheureusement je
ne puis pas quitter la Guyane. »

Il y a certainement bien des *phénomènes vivants* moins
curieux que celui-là.

Passons au second :

Choi... Louis, né le 18 juin 1862[1].

Données anthropométriques :

Taille	1^m,505
Poids	29^{k}500
Circonférence thoracique (au niveau des mamelons)	0^m,675
Circonférence occipito-frontale maxima	0^m,510
Circonférence du cou à la partie moyenne	0^m,270
Circonférence du bras à la partie moyenne	0^m,195
Circonférence de la cuisse à la partie moyenne	0^m,365

Ces mensurations ont été prises le 14 décembre 1881. Le jeune
Choi... avait par conséquent 19 ans et 6 mois.

Même état de la peau que chez le jeune La.... Les membres inférieurs sont considérablement infiltrés. Organes génitaux très incomplètement développés; testicules du volume
d'une fève; pénis comme celui d'un enfant, quoique un peu
plus développé que chez le jeune Lac.... Voix féminine. Pas
de barbe ni de poils sur les parties du corps qui en sont ordinairement revêtues

Intelligence médiocre. Jusqu'à l'âge de 17 ans, il a partagé
son temps entre l'hôpital et l'école, cependant il sait à peine
lire et m'a dit ne pas savoir écrire.

Son père et sa mère sont encore vivants tous les deux ; ils
se sont mariés le 18 juillet 1860. Le mari avait 37 ans et la
femme 31 ans. C'est l'un des 3 mariages non encore rompus
parmi les 53 mariages contractés pendant les années 1859,
60, 61, 62 et 63. Ce mariage a été aussi le plus fécond de
tous les mariages du Maroni; il a donné 7 enfants (y compris

1 mort-né). Choi... Louis, le second de ces 7 enfants, en est le seul survivant.

Le père a une taille au-dessus de la moyenne. Il est âgé de 58 ans dont 28 passés à la Guyane. La mère, de taille moyenne, et âgée de 52 ans, est au Maroni depuis 24 ans.

Prenons quelques données anthropométriques connues qui nous serviront de termes de comparaison et mettons-les en regard des données anthropométriques de Lac... et de Choi...

DONNÉES ANTHROPOMÉTRIQUES	MOYENNES D'UN ADULTE MALE DE 20 ANS	MINIMUM EXIGÉ POUR L'APTITUDE AU SERVICE MILITAIRE EN FRANCE [3]	LAC... JACQUES	CHOI.. LOUIS
Taille	1m,674 (Quételets) [1]	1m,540	1m,280	1m,305 .
Poids	60 kilog. 0,60 (Quêtelet)	»	28 kilog.	29 kilog., 500
Circonférence thoracique au niveau des mamelons	89cm (Morache) [2]	784mm	625mm	675mm

Il n'y a rien à ajouter au langage des chiffres.

Terminons ce que nous avons à dire des enfants de la colonie pénitentiaire en donnant le résultat de quelques recherches sur la *survie* au Maroni, que nous allons comparer avec la *survie* en France.

D'après les tables de survie du docteur Bertillon composées suivant la méthode de Moser et de Quételet, mais avec une

[1] Broca a trouvé que la taille *probable* de la population masculine de 20 à 21 ans en France est entre 1m,645 et 1m,650. Il y aurait une différence de plus de 2 centimètres entre la taille *probable* de Broca et la taille *moyenne* de Quételet. Rappelons qu'il y a une différence entre la taille *probable* et la taille *moyenne*. De plus Quételet observait en Belgique et Broca en France.

[2] La circonférence thoracique varie avec la taille. Chez un conscrit bien constitué elle se maintient entre 0m,861 et 0m,924. (Morache. *Traité d'hygiène militaire*. Paris 1874).

[3] D'après la loi du 27 juillet 1872 et les instructions ministérielles du 3 avril 1873.

plus grande précision, sur 100 enfants qui naissent vivants en France, il y en a plus de 78 (78.27) qui arrivent à l'âge de 2 ans. Au Maroni sur 100 enfants nés vivants, un peu plus de 58 seulement (58,78) atteignent l'âge de 2 ans[1].

En France sur 100 enfants nés vivants, plus de 72 (72.28) parviennent à l'âge de 5 ans; sur 100 enfants nés au Maroni 41 seulement sont parvenus à l'âge de 5 ans.

Sur 100 enfants nés vivants en France, il y en a près de 69 (68.78) qui atteignent l'âge de 10 ans. Sur 100 enfants nés au Maroni, moins de 32 (31.97) sont arrivés à l'âge de 10 ans.

En France, sur 100 enfants qui naissent vivants, il y en a plus de 60 (60.78) qui parviennent à l'âge de 25 ans, près de 58 (57.87) qui arrivent à l'âge de 30 ans, plus de 42 (42.62) qui atteignent l'âge de 55 ans, et près de 32 qui survivent à l'âge de 65 ans (31.95).

Nous pouvons dire, par conséquent, qu'un enfant né en France a plus de chances d'arriver à l'âge de 25 ans et présqu'autant de chances d'arriver à l'âge de 30 ans qu'un enfant né au Maroni a de chances d'atteindre l'âge de 2 ans.

Un enfant né en France a plus de chances d'arriver à l'âge de 55 ans qu'un enfant du Maroni n'a de chances d'arriver à l'âge de 5 ans.

---

[1] J'ai obtenu ce résultat par un calcul très rigoureux, bien que les enfants partis de la colonie viennent un peu compliquer le problème. 364 enfants sont nés antérieurement à la date du 1er janvier 1880 et ont pu avoir 2 ans dans le courant de l'année 1881. Sur ces 364 enfants, 155 sont morts ayant moins de 2 ans et 38 sont partis. Sur ces 38, 5 avaient moins de 2 ans et en me basant sur la mortalité de l'âge de 1 an à 2 ans, je trouve que si ces 5 enfants étaient restés au Maroni jusqu'à l'âge de 2 ans révolus, 1 au moins aurait dû mourir avant d'avoir atteint cet âge. Ainsi, sur 364 enfants 156 seraient morts avant l'âge de 2 ans et 208 auraient survécu à cet âge ce qui aurait fait 58,78 survivants pour 100 naissances. Pour les survivants à l'âge de 5 ans, je trouve que 329 enfants sont nés antérieurement à la date du 1er janvier 1877, et partant susceptibles d'avoir 5 ans révolus dans le courant de l'année 1881. 192 sont morts avant l'âge de 5 ans et 34 sont partis. Sur les 34 partis, 8 avaient moins de 5 ans et en me basant sur la mortalité à chaque âge de 1 à 5 ans, je trouve par le calcul que 2 au moins seraient morts avant d'arriver à cet âge.

Les résultats ainsi obtenus sont bien plus exacts et bien plus rigoureux que ceux qu'on obtiendrait par le calcul basé sur la mortalité à chaque âge. Le calcul d'après cette dernière méthode nous donne déjà, pour les enfants parvenus à l'âge de 2 ans, une différence de plus d'une unité. J'ai dit, en effet, que les nombres que j'ai donnés comme représentant la mortalité des groupes d'enfants de 0 à 1 an, de 1 à 2 ans, de 2 à 3 ans, etc., sont de plus en plus inférieurs à la réalité. En corrigeant l'erreur de calcul que ces nombres ont subie on arriverait à des résultats identiques à ceux que j'ai obtenus directement.

Un enfant né en France a tout autant de chances de parvenir à l'âge de 65 ans qu'un enfant né au Maroni d'atteindre l'âge de 10 ans.

Sur les 32 enfants, seuls survivants de 100 nouveau-nés vivants, qui sont parvenus à l'âge de 10 ans, combien y en a-t-il qui arriveront à l'âge de 65 ans? Combien atteindront l'âge de 40 ans? Combien atteindront même 30 ans? Nous savons ce que sont ces enfants à l'âge de 10 ans. Nous savons aussi ce que seront ceux qui parviendront à l'âge de 20 ans: des gaillards de l'espèce de Lac... Jacques et de Choi... Louis, dignes de figurer dans un musée de tératologie humaine.

XXVI. *Résumé des principaux phénomènes présentés par la population du Maroni.* — Dans l'espace de 22 ans (23 octobre 1859 — 1ᵉʳ janvier 1887), 418 mariages ont été contractés au Maroni par une population pénale composée de 365 hommes et de 330 femmes. Plusieurs hommes presque tous Européens, se sont mariés deux ou trois fois; quelques femmes ont contracté jusqu'à quatre mariages.

Ces mariages sont très inégalement répartis suivant les années. Une espèce d'affinité ethnique a présidé à ces unions, c'est-à-dire que la plupart du temps les deux conjoints sont de même race. Cependant à côté des 367 mariages entre Européens et Européennes, des 19 mariages entre conjoints de race noire, des 13 mariages entre hommes et femmes arabes et des 5 mariages entre Indiens et Indiennes, il y a 14 mariages croisés.

Au moment du mariage l'âge moyen des hommes était d'environ 38 ans 1/2 (38.35) et l'âge moyen des femmes de près de 30 ans (29.94).

A la date du 1ᵉʳ janvier 1882, sur ces 418 mariages, 264 ont été dissous par la mort de l'un des conjoints (124 par la mort de la femme, 140 par la mort du mari), 27 ménages sont partis légalement ou illégalement de la Guyane, 10 ménages ont été dissous par l'évasion ou le départ de l'un des conjoints et 117 ménages seulement existent encore dans la colonie.

Indépendamment de ces 124 femmes et de ces 140 hommes morts en état de mariage, 18 femmes et 52 hommes sont décédés en état de veuvage. L'âge moyen des femmes au moment du décès était un peu supérieure à 44 ans (34.15). L'âge moyen des hommes dépassait 45 ans (45.30).

Les mariages dissous par la mort ont eu une durée moyenne de plus de 5 ans 1/2 (5.62). Les ménages partis ou évadés ont passé en moyenne près de 5 ans 1/2 à la Guyane ; les ménages dissous par l'évasion ou le départ de l'un des conjoints ont duré en moyenne 5 ans. Enfin les mariages non encore rompus ont déjà eu une durée moyenne de plus de 6 ans 1/2 (6.67).

Sur les 418 mariages du Maroni il y en a eu 215 stériles et 203 féconds. La moyenne générale d'enfants par mariages a été de 0.96 (mort-nés compris) et de 0.906 sans les mort-nés, tandis que cette moyenne chez les différentes nations de l'Europe est comprise entre 2 et 5 enfants par mariage. Le plus fécond de tous les mariages du Maroni a donné 7 enfants (dont 1 mort-né).

Les mariages du Maroni ont donné naissance à 379 enfants nés vivants et à 24 mort-nés. La mortinatalité est presque le double de la mortinatalité des enfants légitimes en France. Les naissances multiples ont été aussi fréquentes qu'en Europe.

Nous sommes en droit d'affirmer qu'au Maroni les avortements ont été au moins aussi nombreux que les accouchements à terme. C'est au climat et plus particulièrement à l'un des éléments constituants du climat, l'impureté de l'air, c'est-à-dire à l'impaludisme qu'il faut attribuer ce phénomène. La fréquence des avortements, qui est la principale cause de la faible fécondité des mariages, constitue l'un des facteurs les plus énergiques de l'extinction d'une race dans un milieu défavorable.

Les 403 enfants du Maroni (mort-nés compris) se divisent en 221 garçons et 182 filles. Le rapport des sexes des nouveau-nés diffère considérablement des données fournies par les populations européennes sur ce point de démographie. Ce résultat doit être expliqué par la différence d'âge des parents, car d'après les recherches de plusieurs observateurs l'âge relatif du père et de la mère a une influence incontestable sur la sexualité des enfants.

Sur les 379 enfants nés vivants des mariages du Maroni, à la date du 1er janvier 1882, 238 sont décédés, 40 sont partis de la colonie et 101 seulement sont encore vivants. Pendant la première année de la vie, la mortalité des enfants au Maroni a été presque deux fois plus forte que la mortalité des enfants légitimes en France. Pour les enfants de 1 à 2 ans, la mortalité au Maroni a dépassé le double de la mortalité générale (légitimes et illégitimes) des enfants du même âge en France. Pour les enfants de 2 à 3 ans la mortalité au Maroni a été trois fois plus forte qu'en France, etc. Cette énorme mortalité des enfants reconnaît pour cause un état de misère physiologique, fruit de l'hérédité et du climat ; nés de parents impaludés, vivant dans un milieu insalubre, les enfants pâlissent, s'infiltrent et meurent.

La mortalité comparée des enfants blancs et des enfants d'autres races nous a donné des résultats dignes d'être remarqués.

Sur les 101 enfants survivants, 30 ont moins de 5 ans à la date du 1er janvier 1882 ; 15 ont de 5 à 10 ans (exclusivement) ; 36 ont de 10 ans à 15 ans (exclusivement) ; enfin 20 ont de 15 à 20 ans. La comparaison de la *survie* au Maroni et en France a mis en relief des faits curieux en même temps que pénibles à constater.

Tous les enfants qui ont survécu à l'épouvantable mortalité qu'a subie cette descendance sont frappés de dégénérescence physique et appartiennent aux variétés maladives de l'espèce humaine. L'altération du type spécifique est d'autant plus apparente que les enfants sont plus avancés en âge. D'un autre côté, la dégénérescence est beaucoup moins sensible chez les filles que chez les garçons. Cinq filles nées au Maroni sont mariées depuis plusieurs années et une seule d'entr'elles a eu des enfants.

Les enfants survivants appartiennent pour la plupart aux concessionnaires urbains, c'est-à-dire, à ceux qui ne sont pas agriculteurs et exercent une profession dans le village (boulangers, serruriers, menuisiers, charpentiers, perruquiers, etc.).

Nous concluons de cette étude que la race blanche représentée par les transportés-colons du Maroni, vivant à la Guyane en cultivant le sol, est éteinte dès la première génération. Si parmi les filles, nées au Maroni, qui sont parvenues à l'âge nubile, quelques-unes sont encore en état d'avoir des enfants (et il est permis de supposer qu'elles ne sont pas nombreuses), ce ne peut être en s'alliant aux enfants mâles nés comme elles au Maroni, car aucun de ces derniers n'est et ne sera apte à reproduire son espèce en fécondant ces filles et procréant des enfants. L'extinction finale de la race s'est opérée par suite de l'absence d'élément mâle apte à la procréation. Lors de la plupart des essais de colonisation par la race blanche, entrepris dans les climats torrides, même dans des conditions matérielles supérieures à celles où se sont trouvés les transportés-colons du Maroni, la rareté des enfants mâles arrivant à l'état adulte a été le phénomène qui a le plus attiré l'attention. Dans l'Inde, le gouvernement anglais a tenté, par tous les moyens, de multiplier les mariages de ses soldats avec des femmes anglaises ; malgré tous ces efforts nous savons qu'on n'a jamais pu, suivant l'expression du major-général Bagnold, élever assez d'enfants mâles pour recruter le corps des tambours et des fifres.

TABLE DES MATIÈRES

Typographie A. Lahure, rue de Fleurus, 9, à Paris (8757).